皇朝瑣屑録

（清）鍾琦　撰

國家圖書館出版社

2

憑花館瑣筆

第二冊目録

皇朝瑣屑錄

卷十四之十七

皇朝瑣屑錄卷十四

嘉州　鍾琦　泊農

軼事三十四則

朱文正以侍讀學士授福建糧驛道擢按察司調山西升布政司以按察司黃檢奏公終日讀書於地方事無整頓公入　覲復授翰林學士迴翔中外十四年仍居原職仕宦不可謂不鈍然公在朝一載即奉　高宗命侍　仁宗讀書自此明良契合外而方伯連帥內則宰相六官謨明弼諧遂爲臯夔伊傅一流人物則仍黃

檢福之而實亦終日讀書之效也刀筆筐篋之士烏足以知之

彭文勤公嘗墮馬西華門內朱文正公亟呼輿人入門舁之遂被吏議降二級調用夫文勤未嘗 賞乘轎文正豈不知之殆倉猝中不及顧也即此見前輩交誼之篤

寶應王白田先生年五十始通籍上書乞教職雍正元年由安慶教授薦入京師 特旨授編修直 上書房同直者大學士福敏尚書徐元夢朱軾侍郎蔡世遠皆公卿大臣先生以一窮老廣文驟厠其間進退雍容論辨

經術不激不隨蔡公稱爲當今戴侍中於是輦下百僚莫不推敬蓋服膺朱子之效也程朱諸賢黨生 本朝康乾之間亦自得行其志

胡文忠陳湖北吏治兵政一疏有云荊襄爲南北之關鍵而武漢爲荊襄之咽喉武漢有警則鄰疆震驚南北均阻控制失宜本根先撥云云論得其要厥後東南底平皆藉乎此是誠高屋建瓴也

壽陽祁方伯宿藻爲春浦相國寯藻之弟戊戌翰林累官江甯布政使性廉正尙氣節癸丑髮逆犯九江陸制軍

建瀛遁回金陵賊得長驅而入方伯與陸遂大齟齬正色面詬賊勢日横陸困守不出戰方伯憂憤咯血日夕飲汾酒且咯且飲故城未破而身先殞也惜哉

汾陽曹宗丞學閔爲御史時建言宜考古制建辟雍於國子監部議格不行乾隆甲辰　天子將臨雍　命大臣規濬圜水禮樂備舉　上憶及前奏　特旨嘉奬學閔未幾由内閣侍讀學士超擢宗人府府丞蓋仍因前奏云

常山王灼齋昶太僕有墨癖所藏自唐代迄　本朝名煤

不下數百種殊珍異之弗輕示人戊午春髮逆突擾倉卒奔避未及攜以俱行寇退亟歸則各墨融者煮兩鍋以刷印僞示而用其半翁爲痛哭

厲樊榭上計至都同郡湯侍郎右曾夙慕其才將禮致焉樊榭即日襆被出城不與相見其峻潔類此家居既久思得祿爲養亟辦裝將詣吏曹謁選至天津縣羈滞數月意忽不可浩然而返竟未入國也其詭越又多類此

侯官林文忠公則徐復起督雲貴時曾上論治回一疏中有但分良莠不分漢回良則雖回必保莠則雖漢必誅

使爲大臣者均克體公意以措治則滇黔秦隴邊釁永消何致糜餉勞師上煩 宸慮耶

南海縣志譚瑩傳載程侍郎事甚奇瑩善飲疾病不去杯杓或箴以湎酒非攝生所宜瑩笑曰壽算天定吾犬馬齒當踰古稀或曰何以知之瑩曰壬辰歙縣程侍郎來典試榜後粵士餞於白雲山酒酣慨然曰粵東眞象將見此後廿餘年亂從粵東起再十餘年不堪設想矣時曾拔貢釗亦精於洪範五行之學者與相問難不覺鬱悒程笑曰吾與子不及見隨諦視座中人曰都不及見

矣及見者譚君耳後五年諸公物故殆盡惟我獨存今
年過耳順酒亦何損於人哉後譚果七十二始卒
黎簡堂中丞名培敬以名太史督學黔中時苗民逆命停
考多年公按臨所過皆逆苗巢窟調營爲招生童因勢
利導以次收復較前數屆學使之不知兵者相去霄壤
天子嘉其功旋命分藩開府用人行政靡不權衡至
當曾接其言論丰采精明渾厚殊有古大臣風其撫署
廳事嘗自題聯云任百務之紛乘於曲盡人情之中仍
權至理惟一心之默運必克去己私之後方見大公又

聯云人苦不自知願諸君勤攻我短獘去其太甚與爾
民率由舊章兩聯語意鞭辟入裏殊堪矜式非深於學
養何從語此錄之以風有位者

江南提督李朝斌本姓王氏襁褓中爲李氏父母撫養鞠
育至於成立王氏本生父母隔絕不相聞問事隔四十
三年同治丁卯三月間有善化人王正儒赴江督曾侯
處禀稱李朝斌係所生季子請復姓歸宗侯相詢之李
則固茫然也即議駁爲告於　朝其疏語有云查　本
朝言禮之書尚書秦蕙田所纂五禮通考最爲詳核其

於異姓爲後之事反復辯論一以原情爲主所引金史張詩一事詩本李氏子育於張氏闕三十年始知之初議歸宗終以張氏無子遂仍其舊秦蕙田稱張詩爲孝今王氏本生之父母有子三人而李氏撫養之父母别無立後正與張詩之事相類伏查定例出嗣之子歸宗亦以所繼父母有無子嗣爲斷若今李朝斌歸宗則在王氏本生之父母不過於三子之外又增一子而在李氏撫養之父母竟至斬焉不祀撫子者必抱恫於九泉爲子者將難安於畢世核諸古禮參以今律李朝斌應

於李氏別爲一家但後其撫育之父母而不祧其以上之祖宗於王氏則不通婚姻一以報顧復之深恩一以別族屬之大義庶乎兩全之道等語引證確切辯論簡晰古人有言曰宰相須用讀書人信哉

江南遭兵最久殉難官紳最多江甯先有湘軍昭忠祠在城北蓮花第五橋係克城之初就僞王府略爲修葺者後就地並建三祠中仍爲湘軍陸師昭忠祠東爲金陵軍營官紳昭忠祠西爲湘軍水師昭忠祠而東祠約分六端一曰咸豐三年金陵城陷滿漢文武殉節之員二

曰自癸丑至庚申八載向榮和春營中陣亡傷亡及病故之員三曰江甯七屬歷年殉難之紳及外籍而寓居金陵遇難之紳本籍而陣亡於外省之紳四曰生平久居金陵大營其後盡節他處如鄧紹良周天受張玉良之類五曰揚州鎮江兩軍皆因圖克金陵而設兩處陣亡傷亡病故之員六曰金陵滿漢婦女不屈而死者别立貞烈祠祀之此同治七年春江督曾公國藩所奏辦也

黔省昭忠祠向設南門外規模狹隘故軍興以來員弁兵

勇之死事者以千萬計未能刻牌附祀且其家屬困苦
無依半多流爲乞丐巡撫張公亮基目擊心傷查有入
官之荒廢房屋地勢宏敞而棟楹榱桷猶存遂同司道
籌款捐廉庀材興工改造而葺治之以死事者總木主
設於正室中其餘陣亡文武官紳各照銜名分書木主
安設左右其兵勇團練及殉節婦女者各書其主分別
厢房列於東廊西廊依春秋二時與昭忠祠同祭名曰
慰忠祠又於西偏建院前後六層名曰忠裔所以居死
事者窮無所歸之家屬與提督趙德光捐貲籌款資助

復於正室後設一文館以教死事者之子孫名曰忠裔塾同治間曾經奏准奉　旨交部備案以此此辦理非特死事者之忠魂毅魄有所憑依即其家屬子孫均可藉以棲身餬口雖未能博施濟衆而祠中養一忠裔即城中少一餓莩張公此舉亦足以彰　聖德而廣
皇仁也

陳恪勤公鵬年知蘇州時甚爲巡撫張清恪公所倚重事無巨細多與裁決總督噶禮與清恪迕遷怒及公以公所作重游虎邱詩爲怨望句句旁注密劾奏之摘印下

獄復擬大辟　聖祖出是詩示近臣曰有密奏陳鵬年怨望以此作證宵人伎倆大率如此朕固不爲所動也命復其官按公詩云雪擁松龕閱歲時廿年蹤跡鳥魚知春風再埽生公石落照仍銜短簿祠雨後萬松全逕匝雲中雙塔半迷離夕佳亭上憑闌處紅葉空山繞夢思塵鞅刪除半晌閒青藜布襪也看山離宮路出雲霄上法駕春留紫翠間代謝已憐金氣盡再來偏笑石頭頑棟花風後遊人歇一任鷗盟數往還公初守江甯爲總督阿山劾罷　六飛幸金山嘗以疊石爲步

困之此詩或隱寄前事然詩人諷詠各有託意　聖
明在上豈容以文字之獄傾陷廉吏噶禮計亦左已
吳三桂之變全楚震動土匪蠭起時于清端守武昌威惠
素著勦撫兼施計擒大冶賊黄金龍斬之降其衆數千
捷聞巡撫張公朝珍持露布示僚屬曰人謂我不當用
醉漢今番何如蓋清端嘗襄事秋闈陪大吏讌兩使者
抵掌論時事飲數十巨觥闈中皆笑公酒狂故張公及
之也按今屬吏見長官多囁嚅逡巡拘守儀節公獨於
皇華公讌之座侃侃直言靡所避忌恐此時豪氣已足

吞逆藩而有餘況金龍一無賴賊哉

國初吳郡有隱君子三人曰拔貢生考授知縣彭行先曰舉人鄭士敬曰諸生金俊明皆以鉅人長德見推於州里三人者歲時過從鬚眉皓然相與評論文史揚扢翰墨杯酒豆肉談笑移日見者羨爲神仙中人士大夫稱爲後三高（按蘇州舊有三高祠祀漢梁鴻唐陸鴻漸宋蘇子美三人）中彭尤老壽湯文正公開府吳中每月吉讀法必命有司延致以爲重既還朝　聖祖詢三吳人物公亦首舉行先以對行先卒不出年九十二始考終逮見其孫凝求以第

三人及第

本朝文人墨客以書畫供奉　內廷寖被　知遇者
指不勝屈獨繆舍人炳泰以寫像受　高宗皇帝
特達之知唐閻立本後一人而已初炳泰以諸生遠游
歷滇黔粵吳不得意久之以能寫像名於浙中會尚書
福長安公奉使過浙挾與俱北聞於　上立召入寫
御容拜文綺之賜先是院工應　詔者百數
上無所可獨善炳泰由是公卿貴人爭相邀致購其
迹者至一二年不能得乾隆四十九年六巡江浙炳泰

獻詩紀盛遂與召試既入選　天顏大悅賜舉人內閣中書自是屬東所莅靡不從行並　命更定紫光閣後五十功臣畫像五十三年臺灣平復繪功臣像皆炳泰筆也相傳炳泰寫像無師法兒時乘塾師出竊紙筆隨所見人默圖之有不似百方塗改以是廢其所課屢爲父師督責好之如初可知生際　聖明雖曲藝微長不憂淪棄並可見一技之末非專心壹志爲之數十年亦不能發名而成業也

康熙間奉天金鐵山少遊匡廬而樂之曰吾他日必以名

蹟酬山靈後官江蘇布政使聞有號虎頭者善畫乃具
千金裝延之於官虎頭山陰人姓許名從龍人因其善
畫也咸目爲虎頭云虎頭在署六七年作五百阿羅圖
二百幅裝潢精妙貯以入箱求棲賢寺僧歸之莫不歎
曰茲眞足以重山靈也已幅廣五尺長一丈四尺有奇
像大者高三四尺小者可尺許或援筆立成或旬日乃
寫一像毛髮纖悉皆具行坐笑語雜出於山海木石魚
龍鳥獸之間變化無方氣韻瀟灑非心契道妙者無以
罄其形容金公注意於此歷久而要其成當與坡公山

門玉帶並垂不朽矣

黔西李漢三世傑以巡檢至本兵謚恭勤廣順劉松齋清以拔貢官總兵松桃楊誠村芳以吏員取通侯並天挺異才兼資文武皆不由科目進身時稱黔中三奇男

張文和公性寬厚而馭吏特嚴長吏部時知有蠹吏張某者舞弄文法中外官屢受其毒人呼爲張老虎公命所司重懲之朝貴多爲營救公不爲動時稱公伏虎侍郎一日坐堂上理事曹司持一牒來曰此文元氏縣誤書先民縣當駁問原省公笑曰若先民寫元氏外省之誤

今元氏作先民乃書吏略添筆畫爲需索計耳責逐黜吏而正其謬同官服其公敏近見外官有事於銓部者爲吏所持輒至質衣裝貸車馬舉責出國門甚或蹭蹬終其身如文和之察弊亦中人才智所易及乃盡諾坐嘯目擊狐鼠之橫行而含默弗語豈有所卻顧與

胡文忠公遺集大清律易遵而例難盡悉刑律易悉而吏部處分律難盡悉此不過專爲吏部生財耳於實政無絲毫之益夫疆吏殫竭血誠以辦事而部吏得持其短長豈不令英雄短氣乎又云六部之胥無異宰相之柄

予謂條例日繁弊端日甚公之論部吏蓋深有慨也

恭讀嘉慶初年　仁宗睿皇帝上諭云我朝特設內閣總理樞機六卿分職各司其屬即古之四岳九官輔弼匡襄之臣也朕德薄才疏寅承大統惟求天下乂安兆民蒙福孜孜圖治不敢暇逸奈諸臣全身保位者多爲國除弊者少苟且塞責者多直言斥奸者少甚至問事則推諉於屬員自言堂官不如部曹部曹不如書吏實不能興利去害是甘於旅進旅退忘職思其居之義諸臣自爲計則可矣何以報　皇考數十年之恩

遇乎自大學士尚書侍郎唯諾成風皆聽命於書吏舉一例則牢不可破出一言則惟令是從今吏部京兆因公務相爭任書吏顛倒是非變幻例案堂官如此庸碌書吏如此狡猾上無道揆下無法守太阿倒持羣小放肆國事尚可問乎經朕訓諭後尚不悛改是激朕之怒朕甯受薄待大臣之名曷敢姑息養奸以廢法必挽回乃止其無悔欽此仰見我

仁宗睿皇帝立法剔弊諄諄告誡之至意乃今日各部書吏其舞弊較外間尤專如欲設法挽回除認眞考試認眞選充外並宜奪

其權奪之奈何曰此此其道使司員熟讀律例爲要緊之關鍵蓋司員秖知八股八韻不通公務書吏視爲木偶遂得上下其手輕重其心誠使嚴定章程凡司員分發到部候補時皆令輪班入直將律例逐句細繹逐章講解方得其精義倘主事有缺出由堂官擇其律例熟習檔案曉暢者以補之則一部之司員透徹一部之公務以免牽鼻由人而作左顧右盼之狀也且遇書吏辦理案件嚴加覆核合則呈諸堂官不合則是書吏倡恼即行斥革如此則牛鬼蛇神之伎倆必無所施矣

房書爲首者曰典吏蜀省陋規當典吏必納參費始得承充其參費視房之肥瘠索銀之多寡有納二三千者亦有納八九千者有納八九百者亦有納二三百者官則恣情狠噬吏則假竊虎威仍然在錢糧田土詞訟命盗內紙爲銅落筆由利染甚至同一律也有律中之例同一例也有例外之案混淆黑白顛倒是非似此弄弊舞文大憲應將參費剗除始得正本清源又典吏以六十月滿期例有考試以驗其文字該輩出貲三四十金在錦里倩槍入場所取既非真才服官必如許芝爭肉陳

哀徵魚慕容評賣水之風矣　高宗賜詩有
長洲沈宗伯入詞館後以悼亡假歸
我愛德潛德句錢文敏公因贈詩云　帝愛德潛
德我羨歸愚歸爲時傳誦
藍太守鼎元臺灣論條畫井然鯤身鹿耳之區形勢瞭如
聚米其所云臺灣山高水肥最利墾闢利之所在人所
必趨不歸之民則歸之番歸之賊即使內賊不生野番
不作又恐寇自外來將有日本荷蘭之患諸語尤爲切
要乾嘉以來奸民屢畔本年復有東師壓境之事其言

不幸中矣鹿洲集及平臺紀略諸書世有傳本任邊寄
者盍瀏覽及之
東坡玉帶留鎮金山寺僧寮寶護有如球圖　純廟
南巡時駕幸金山以舊帶歲久剝蝕　敕內府琢玉
補之並　題詩五章以紀其事聞粵匪亂後帶尚完
好無恙　宸章倬天殆有神物撝呵也
武進劉文定公歷官滿要少司馬躍雲繼之父子服官於
朝至七十年之久而家無一畝之宮半頭之地可云清
絕人寰矣少司馬歸里時其鄉人洪稚存編修寄以詩

云卿相兩傳久田廬一寸無自謂可與宋魏野上萊公
詩有官居鼎鼐無地起樓臺相埒
桐城張文和公澄懷園語云予在仕途久每有升遷罷斥
衆必驚相告曰此中必有緣故余笑曰天下事安得有
許多緣故
鄂文端公嘗曰大事不可糊塗小事不可不糊塗若小事
不糊塗則大事必至糊塗矣按文端識量淵宏規畫久
遠此數語大有閱歷若夫疏濶僨事藉口於不拘小節
則轉不如謹守繩尺猶可免禍人國而害蒼生也

周侍郎亮工文章政績斐然可觀晉江黄俞邰謂周櫟園吏事精能撫戢殘暴則如張乖崖其屢更盤錯乃别利器則如虞升卿其文詞名世領袖後進則如歐陽永叔其博學多聞窮搜遠覽則如張茂先其風流倜儻坐客恒滿則如孔北海其心好異書性樂酒德則如陶淵明其敦篤友朋信心不欺則如朱文季其孺慕終身友愛無間則如荀景倩李孟元至其登朝未久試用不盡則如范希文而遭讒被謗坎壈挫折又如蘇長公按櫟園侍郎入　國朝後數歷中外激揚雅道樹立邊功自不

愧循良林苑中人物俞部評隲未爲失倫至貞介若陶處士古人與之伯仲者前一管幼安後一司空圖耳郎論樂酒著書亦豈侍郎所能比似

陸朗夫中丞燿撫楚時會總督閱兵抵長沙直入巡撫廳中見公午食皆菽乳菜蔬訝之答以天久不雨齋必變食故如此總督瞿然詈其奴曰此來傳舍酒肉如山何不以祈雨告耶返行轅豐腆悉徹時總督爲滿洲特昇額公人謂特公善改過而益歎公之清德足以感人也

錢文端公少嘗請益於徐華隱曰何以傳耶華隱曰讀古

人文就其篇中最勝處記之久乃會通後述於竹垞先生先生曰華隱言是也世安有過目一字不遺者耶公嘗舉以爲讀書法按華隱此言與東坡論讀漢書可謂重規疊矩

中興以來嶺南人士咸推番禺陳徵君澧南海譚舍人瑩爲巋然魯殿蓋皆阮文達公學海堂弟子也徵君所著叢書近已流播樸茂雋朗舍人樂志堂集中詩文亦多胎息六朝之作相傳文達節制兩粵以生辰日避客屏騶從往來山寺見舍人題壁詩文大奇之詢寺僧始知

南海文童現應縣考者冀日南海令來謁公諭之曰汝治下有博學童子我不能告汝姓名近於奪令長之權代人關說汝自們索可耳令歸加意物色首拔舍人自此文望日起矣按文達撫浙剏詁經精舍督粵剏學海堂提唱名流闡揚雅道其餘韻流風以比文翁常袞無少愧也

皇朝瑣屑錄卷十四終

皇朝瑣屑錄卷十五

嘉州 鍾 琦 泊農

軼事三十九則

各國駐京使臣莫不傲睨每屆歲首輒遺書通商大臣以爲履端之賀惟常稱文相國祥必曰忠鯁清廉而儆嫌其與彼厏厊餘則以圓融識時譽之否或稱甲第之宏儆車馬之華麗衣裘之煇煌飲食之精潔謂太平宰相安富尊榮固應爾爾嗚呼雖屬異邦豈無人心惜我老成鞠躬盡瘁令德永終矣

乾隆朝開四庫全書館惟紀文達公昀始終其事其後恭
進全書表相傳公振筆疾書文不加點同館莫不歎服
時總其事者復命陸耳山副憲錫熊吳稷堂學士省欽
合撰一表終不愜意乃以公所撰表書二人銜名以進
純皇帝閱未終卷顧謂諸臣曰此表必紀某所撰遂
特命加賞一分文達碩學鴻才固為　本朝有數人
物亦由遭際隆盛　睿照如神天球河圖獲供明堂
清廟之用可歎羨也
定例郊天用蒙山茶者取其渾是風露清虛之氣按名山

縣志蒙山在縣城西十五里即禹貢之蔡蒙旅平也上有五峯最高者爲上清峯其巔有石盤大如數間屋石上有茶樹七株相傳爲甘露大師手植石無縫罅不知何以得生亦奇異也每茶生芽時僧報官爲記數派吏役守之採製入貢不過得七八錢耳予友劉夢仙韓年山俱攝名山篆各贈予一小銀匣每匣僅三四葉長七八分予烹之以祀祖色淡味甘韻清氣醇故稱仙品雍正間某令於環石左右栽數十株曰陪茶則採以備制軍藩司及諸官餽送而已

國初內閣判詞照前代典例多用查議查覆諸字而高陽相公精字學謂字書無查字縱有之不作察解此必原判是察字而北無入聲呼察聲如查故訛查耳訛字何可用因啟奏 御前凡判詞查字俱改察字然終不解查與察沿訛之始至是應制科者紛紛至公召數十人聚門下而問曰察聲訛查有始乎在坐無對者有會稽徐仲山疏解意義應答如流相公韙之今中外衙門尚用查字因仲山言故未得改也又有弔字更費解按菽園雜記云查與楂同水中浮木也今云查理查勘有

稽考之義弔本傷也愍也今弔卷弔册有索取之義此國朝部書承明之訛踵明之謬而未能正者但查字唐韻正韻集韻廣韻並與槎同惟正字通謂查考察也亦可借用至說文玉篇韻會諸書所註弔字全無索取之義且字亦不祥何以不更之

乾隆丙申　御製平定金川勒銘美諾之碑謹按碑文具清漢回番四種書清字從後豎讀至前漢字從前豎讀至後回字從前横讀至後番字從後横讀至前此其異致也又按番字該處用竹筳削尖蘸墨汁寫猶有古

人漆書遺意字形如蛇蚓變化不一亦有行楷之分其橫寫倒讀則在淸書回字之間

康熙間妖人朱方旦道光間薛執中皆挾道術游京師能驅遣風雷役使鬼神先期言休咎多奇中王公貴人爭拜座下朝官趨走若鶩方旦經講官於入直時劾奏執中以言官上聞皆依左道律服上刑大僚多連染降黜噫在昔文成五利之徒雖卒以詭誕見誅而秦竊崇封耗土木金銀至無算儻生際聖朝其能一日姑容於化日光天之下與士大夫見理不明惑於禍福者倘其遇

諸

耿精忠反守者或逃或遁故所向皆克浙之將軍爲圖賴巡撫爲田逢吉總督爲李之芳及報至賴癱軟不能起時稱抬不動將軍逢吉頓足不止稱跌腳巡撫之芳聞變掀髯不已稱撚鬚總督一時烽煙四起羽書旁午惟之芳疾驅至衢州方爲捍禦想撚鬚時已定討賊立功之志也

國朝康熙間西域貢獅子二形如圖畫從口外打圍遇兩羆人不能勝　詔獅子分擊之老獅力盡而斃小獅忽

亦逸去其羆皮實之以草置　雍和宮懸牌腰間一重一千三百餘斤一重八百餘斤按爾雅釋獸狻猊食虎豹註卽獅子也正義引說文云虓獅子也古人謂鬭如虓虎幾與虎並舉其實虓之力烏足擬獅子哉

陶文毅公丰裁峻整好議論人物惟恐不盡雖　廷對亦然開藩皖中循例覲　聖諭某官溺職狀至於聲色俱厲鬚髯翕張　宣宗疑之密諭孫文靖公爾準察其爲人時文靖方撫安徽也文靖密疏薦引　硃批曰卿不可爲其所愚復具疏條列善政力保其無他

文毅遂獲大用擢故湖北巡撫胡文忠公爲文毅女壻今伯相湘陰左公故陝撫劉中丞蓉皆文毅幕僚三公皆由文毅識拔聲望大起然則文靖一言顧不與九鼎鈞重歟

翁文端公年二十四時猶一貧諸生也其祀竈詩有云微祿但能邀主簿濁醪何惜請比鄰士當困阨無聊易作短氣語當公爲此詩豈自料兩朝宰相再世 帝師三子公卿四世翰苑功名福澤爲 本朝希有人物哉

船山先生世多以詩人目之官諫垣時連上三疏一劾六

部九卿一劾外省各督撫一劾河漕鹽政嘗畫一鷹贈人自題云奇鷹瞥然來攫身在高樹風勁乍低頭沉思擊何處風采如此詩人也歟哉

康熙間太學生周清原盛負詩名益都相國見其雍試諸作目爲奇才太學白丁香詩有云月明有水皆爲影風靜無塵別遞香傳誦都下上達　宸聽比官翰林召見時　上猶誦此一聯獎之見國子監志按益都贈周詩有飛花定見召韓君之句後果以詩名上聞可謂佳識

嘉善謝金圃侍郎墉乾隆十六年以優貢應　南巡召試列第一　賜舉人授內閣中書明年　賜進士出身改翰林因撰文錯誤落職廿四年獻平定回部鐃歌復原官在　上書房行走嘗館大學士傅文忠公家額駙尚書忠勇公暨文襄王皆沖齡受業九掌文衡而在江南則典試督學皆再任五十四年降編修偶病涇　上猶遣太醫院堂官臨視六十年休致時已疾篤　睿皇帝方在青宮與諸皇子皇孫遣中使存問無虛日侍郎生平所蒙受異數在他人得其一節即爲破格　恩

遇曠十世不易遭而公屢躓乃始終承 兩聖人寵
眷如此然公純篤貞亮實足以仰副倚任其甄擢名士
卓識宏量尤爲近代公卿之所難三元錢棨鄉會試皆
出公門 殿試公與讀卷世稱盛事高郵李進士惇嘉
定錢進士塘山陽汪文端公廷珍陽湖孫觀察星衍甘
泉焦明經循皆由公識拔成名經術文行表表稱江淮
間儒者汪明經中方貧困遭侮受公知充丁酉科江都
拔貢公嘗語人予之上容甫爵也如以學予於容甫北
面矣自是明經文譽始大起阮文達公始應童子試公

極口獎勵召入第讀書卒爲鉅儒賢相嗚呼直省督學
十八人憐才愛士如謝公今何人哉秀才初出貢許其
才學足爲侍郎學政師雖自知素明者恐未易毅然出
諸口公於是乎不負所職矣
康熙間 仁皇帝命儒臣百十人纂修圖書集成從永
樂大典中擇取精華飭用銅板鐫刻最工整然所費不
貲矣當日僅印六十部揚州金山江天寺乾隆四十四年翠華南幸頒 賜一部四
十五年天甯寺頒 賜一部豐市層樓有行宮頒 賜一部其餘頒 賜 王貝及編輯總裁官銜聖公各一
部其銅板藏武英殿日久弊生盜銷過半而 太內無

此書同治朝　慈禧皇太后遣宮監於琉璃廠覓得一部賞給價銀八千兩聞上海集股付梓但卷帙浩繁不知能否告竣按蒿菴閒話云明修永樂大典以武進布衣陳濟爲總裁又姜紹書韻石齋筆談其書係湖廣王洪等編輯累十餘年而就計二萬二千一十一卷目錄六十卷因其汗牛充棟未遑刻板嘉靖三十六年大內一回祿書幸未焚勅閣臣徐階令儒臣摹抄一部自四十一年起至隆慶五年始竣　國朝　圖書集成較永樂大典所少者十之四五所增者十之一二耳

某令鼎門貴胄從未識丁紈袴少年何知書午且聽信司閽肆行貪婪適縣試從一名至二十名而幕友家役莫不分潤烹肥童生大書聯語貼於照牆云當時只說此

之謂今日方知惡在其又椒生隨筆所載某合納貲出任者遇縣試出對云父母千支誤于朕琴朕張朕二嫂有童生對云達尊三爵一齒一德一朝廷破句別字竟成絕妙對偶竊思設官分職皆以爲民而與民最親莫如州縣得其人則治失其人則亂溯自軍興以來州縣歧途雜出流品亦至不齊雖其中固多精幹才具而平日於四書五經曾未閱覽者忽膺民社茫然無所持循此循良所以日鮮而民困所由日深矣

金壇蔣徵士衡康熙間以善書稱碑版照燿四裔五十六

歲時始楷書十三經凡八十餘萬言閱十二年訖事河
道總督高文定公斌特疏上呈　御覽奉　旨鐫
石留太學以墨刻頒行天下並授衡國子監學正當衡
寫經時以恩貢選英山教諭又舉博學鴻詞皆力辭不
赴山林宿學一藝專精終邀　睿賞士生　聖朝
牢落不偶者宜自奮已衡為虎臣修撰超從子字湘帆
乾隆朝士屢於　上前稱彭文勤博學彊記　上思
有以難之值乙未會試　欽命詩題為燈右觀書四字
諸總裁覆　命日叩　請出處時文勤適侍班　上目

硯文勤文勤叩首曰臣學問荒陋亦不知詩題何出

上笑曰是夕朕偶於燈右觀書耳文勤趨出 上

顧侍臣曰今日難倒彭元瑞 按或稱是科文勤爲總裁非也

前明華亭尚書書畫距今不過三百年而眞迹絕少葢由

聖祖皇帝最愛董筆當時海內佳品玉牒金題彙登

祕閣惟題元宰二字者以上一字犯 御名臣下

不敢進覽故尚有流落世間者見獨學廬二稿董香光

山水詩畫卷跋

乾隆壬寅 諭文淵閣新藏四庫全書自四月四日始

每册用　御寶二前曰文淵閣寶後曰乾隆御覽之寶

禮烈親王　太宗文皇帝兄也天聰間薩爾滸山之戰殲明兵數十萬王功尤多他如征葉赫烏拉諸部莫不陷堅殪敵載在琅書炳如星日矣相傳王所乘馬名克勒國語世稱棗騮馬色青尾黑者高七尺長丈咫是馬腹下旋毛如鱗識者謂之龍種每聞鼓鼙聲輒矯首歕鬣其勢如追電逐風嘗病踠自跑地出泉洗創即瘉軍中呼曰聖水蓋天祐大東房星應瑞元氣之厚雖一物亦神駿不凡也馬舊有圖藏禮王府汪琬為作傳翁

方綱爲長歌

康熙己未會試長洲宋文恪公充總裁官海甯陳文簡相國其女壻也時方爲孝廉以避嫌不與試按時迴避例尚寬翁壻舅甥尚無確眞迴避之明文三月九日禮部奏迴避事 聖祖閱至文簡名指詢廷臣羣臣咸以宋某係陳婦翁對 上曰翁壻何迴避之有可趣令入試時日已亭午闈中將放飯矣奉 旨特送舉人陳元龍一名入場然卒以避嫌屏斥至乙丑文簡始及第其遭遇實在未達時也

陽湖李申耆先生兆洛少即絕特嚮學初應童子試縣令

陳君以其年最稚而投卷最先疑詰之先生應答如流令曰汝即歸吾不招覆汝矣通場必無及汝者招覆非第一不可汝髫年初試即蓋一邑非吾之所以期汝也遂在廳事書聯爲贈曰他日定成名進士乃翁眞有好兒郎邑中傳爲佳話比應學政試督學仁和胡文恪公既首擢復將先生原場及覆試卷刻成九學諸生各給一本曰歸家熟讀之毋薄李生新進老夫衡文半天下未見有如李生者先生淹通天人當其華年英發固宜如景卿麟鳳蚤著輝光而當時名卿大夫有風教之責

者矜寵培護至此亦可謂難能已

嘉慶丙辰　太上皇帝御製重華宮茶宴詩命廷臣次韻叶嗟字韻多不得體獨彭文勤公代和珅作云帝典王謨三曰若騶虞麟趾五吁嗟　兩聖人皆歎賞

嘉慶廿年御製觀龍舟詩命詞臣賡和衆皆窘於水嬉嬉字韻獨錢唐陳太史嵩慶句云萬國魚龍呈曼衍九重珠玉戒荒嬉恭　上方以黜奢崇儉諭示廷臣也

仁宗亦大歎賞許爲壓卷

聖祖天縱多能藝事無一不學亦無一不精　幾暇作

畫賜廷臣今海內舊家尚有寶守者時滿洲參領唐岱
號靜巖工山水嘗召入內廷論畫法因　御賜畫狀
元見胡學士敬　國朝畫院錄
乾隆乙未　上稽古之暇垂問四川督臣成都府學禮
殿畫像存否奏言今成都府學宮禮殿已非舊畫亦早
湮謹錄元費著禮殿聖賢圖攷以聞按禮殿不見正史
宋祁董逌謂文翁作歐陽修席益呂陶謂高眹作觀初
平五年殿柱記蓋禮殿實祀周公孔子文翁立學時所
建眹特增修之者也漢郡國有學自成都始郡國學有

廟亦自成都始宜　純皇帝睠念遺模幾餘垂詢與

詳吳省欽重修成都府學大成殿記文翁名黨字仲翁見張崇文歷代小志吳省欽錦江書院講堂記引之

衢州孔氏實爲大宗以先塋多在曲阜乃讓公爵於弟衢宗式微至　國朝登鄉薦者僅一人同治八年學政徐樹銘請照山東鄉試每科取中四氏學耳字號三名之例亦編耳字號十名取中一名零數過半加中一名仍不得過三名定限見衢州府志

朱竹垞上山東巡撫張公書其大略言古者立學必釋奠

于先聖先師周公孔子是已孔頴達曰周公孔子皆爲
先聖近周公處祭周公近孔子處祭孔子蓋古之語道
統者必兼周公孔子至唐永徽中以周公爲先聖孔子
爲先師逮顯慶二年依羣臣議以周公配享武王始專
祀孔子然宋眞宗大中祥符元年謚孔子曰文宣王謚
周公曰文憲王追崇之典並垂國史夫堯舜禹湯之道
自周公傳之文武之德周公成之詩書禮樂易自周公
制作而纘述之乃孔子之後自漢以來或爲大夫或爲
君或爲侯或爲公其支子爲五經博士或知仙源曲阜

縣事而周公子孫唐以來未嘗以官祥符幸魯僅一表
其門閭而已舜尊聞周公有廟在曲阜縣治東北三里
詢其子孫猶聚族而居蓋自伯禽少子魚封于東野有
田一成因以爲氏其譜牒有東野志世次可考伏覩孔
氏弟子顏曾仲孟皆立五經博士下至宋儒二程子朱
子亦皆有博士世襲而先聖周公反不得下同于有宋
諸儒於義有未安者幸　翠華東巡褒崇先聖之日執
事試以上請度無不允此書有關世教特爲錄之案廣
虞初新志載是年　聖祖謁孔廟有東野沛然跪

伏道左自陳周公少子食邑東野後人遂以東野爲氏
幸遇　皇輿敬求世襲　上命部臣議覆賜
五經博士
周公世子伯禽就封於魯世爲魯公其在成周者代爲王
卿士食采於畿內經周之世不絕後亡於秦至漢元鼎
時封周後姬嘉以奉祀嗣後或爵爲侯或爵爲公世傳
弗替自元末封秩其子孫在陜西咸陽守墓兼奉文武
成康四王之陵祀然子孫式微雖有奉祀之名實與齊
民無異乾隆四十三年陜西巡撫畢沅查詢宗譜咨訪

後裔題請加　恩懇將咸陽奉祀姬姓派子孫照曲阜東野氏之例添設翰林院五經博士一員予以世襲俾永承元聖周公及文武成康四王之陵祀

嘉慶間阮文達公任兩廣總督時本兼鹽政復命兼巡撫事海關使者物故公又代辦無何提臣引疾學政丁艱凡六印皆集公所是月生一孫公舍飴懽極名之曰六印以視宋淩策所處際遇不足爲奇也按宋史淩策傳初策登第夢人以六印加劍上遺之其後往劍外凡六任時以爲異

震澤張淵甫名履爲句容教諭其地士習窳惰君嚴設月

課無敢覥爲具文者暇至街巷令役攜鋏鍊從其後見有婦詈姑子忤父幼逆長者卽繫之必飭其自悔乃已神祠演戲凡涉淫褻拘班首荷戈示衆嘗曰朝廷設立是官爲整飭風化文章其末耳刁生憚其嚴正不敢誣訟而商農嘖嘖咸頌之邑宰以折糧增價激民變君出開導衆解散爲上游稱獎夫教諭在今日特閒曹末秩無足輕重耳而君獨爲上官欽企下民仰望是眞能於卑官冷署中自行其志者矣

宮慕久東平州人道光二十五年任蘇松太道簡靜和平

惠民多寶政撫輯中外莫不持大體西商有狎視廳縣者慕久戒之曰吾官雖尊無刑柄彼官雖小有刑柄朝廷分職意也慎毋狎將加若刑西商遂戢焉凡有餽送不能卻者則鐍其物於室中如鐘表麃毦氍覦琥珀珊瑚纍纍去官後封識如故中外重之遷按察使

軍興以來建威銷萌以礮爲先其迅捷猛烈雖雷霆不能過也咸豐辛酉夏四月六日賊眾圍嘉定城勢頗岌岌史叔平觀察時守嘉定有惠政命銕工於會府左側鑄礮爲禦敵之具坎地作爐掘至三尺許忽得銅二千七

皇朝瑣屑錄卷廿五　廿五

百觔有奇鉛一千九百觔有奇遂鑄礮四十尊分置各城門嘻鑄礮則銅優于鐵又非鉛不成今皆得之意外是天賜也夫膏露醴泉鳳凰芝草皆瑞應之罕見者然而無補急需無關實用今銅鉛出於地中以資火攻乃史公盛德所召耳蓋自古及今未有無其實而能徵其應者予在局襄勞曾經目覩故書之使後人得知其異也

趙損之文哲善詞賦沈德潛選吳中七子詩文哲其一也

乾隆二十七年　南巡召試授內閣中書充方略館

纂修軍機處行走擢戶部主事尋小金川逆酋僧格桑
跳梁文哲隨將軍温福進討駐木果木六月大胡郭宗
失守賊匪掩襲大營國朝用兵以來惟木果木挫折尤甚文哲取軍籍冊
付家人乘間逃出隨將軍被難事聞　卹贈光祿寺
少卿其長子秉淵以蔭生授內閣中書軍機處行走父子
不由科考俱以軍機處行走乃異典也歷官知府有惠政文哲次子秉冲
監生由大學士阿桂薦值　懋勤殿監生值懋勤殿尤為異典乾
隆四十七年、　欽賜舉人授內閣中書以　南書房
供奉累擢至戶部右侍郎嘉慶十九年卒　賞陀羅

經被（近年大學士亦不易得）並銀三百兩以給喪費卹典如例按
文哲祖孫父子兄弟俱有集其詩文務底和平落筆泉
決雲湧故蒙　純皇帝　睿皇帝特賞之
陳子鶴太宰孚恩爲荔峯侍郎希曾次嗣書法如曼陀仙
子秀骨天然以拔貢起家歷官清要其攝東撫時未受
鹽務陋規蒙　賞清正良臣匾額咸豐十年七月
朝命諸臣會議幸熱河事太宰有竊負而逃遵海濱而
處之語十一年在熱河又力阻回　鑾　今上登極
許仁山侍郎以黨援載垣等參奏褫職旋戍新疆道途

回跳梁被執不屈死其妾亦殉節按大宰立朝亦旅進旅退惟奏對不愼於始故困躓不免於終耳

秀水王曇仲瞿負才任俠不喜繩檢客游京師名滿公卿間値川楚教匪不靖其座主吳總憲省欽薦曇知兵能作掌心雷　睿皇帝斥其誕妄吳遂罷廢而曇亦連蹇終其身按王補亭筆記省欽本和珅黨窺新政肅然和珅將敗自託於駿不解事冀以微咎去官計亦巧矣吳督蜀學時聲名狼籍士人大書聯語粘於轅門云少目焉能識文字欠金休得問功名其額有口大如天四字以其姓名而寓詆罵也

道光八年梅州蔡阿三以强姦主人婦不從殺斃之且褫其衣袴而遁後捕得當誅定例部中文至不得少延時刻佐雜官又不得監刑適州牧公出遊擊某謂請鄰封必需三日恐干憲詰於是吏目程某同押因至決所時已昏黑且霖雨而行刑者多飲酒以壯膽頽然醉矣舉刀一揮中囚肩仆地遽報斬訖游擊某慮黑夜有失令千總某驗之覆命謂已死遂各散去次早因屍不見懸賞大索十六七日獲諸野廁始梟首經總督奏聞奉

旨嚴鞫得因兄某賄串行刑皆伏誅千總吏目亦置諸

法州牧與游擊戍邊見邸鈔夫決囚常事耳待旦不及而決於夜亦恆有之適逢霖雨而行刑者又醉遂成古今未有之奇案可見凡事之出於意計外者亦不少也噫可不愼歟

道光己酉川省西關外六七里許俗名岳家壩有人覓得漢篆遺石於民間詢之則剛侯黄忠墓也鄉人利其石而毀其篆然遺石猶多有劉芷塘之門人傅泰凝曉鄉人以大義而迹其塚地乃得餘骸舊壙募貲買其田別爲棺斂之夫數千年之遺骨沈溺於稻田水土中而弗

全朽則呵護之靈亦可知矣
世祀關公者皆曰漢壽亭侯不知此曹所表非公意也昭烈拜公爲前將軍假節鉞後主追謚爲壯繆侯則前將軍者公之終官而壯繆者公之易名不書昭烈之拜而書曹所表失其實矣至壯繆侯後世無人稱之案史記及逸周書謚法解皆曰名與實爽曰繆此爲下謚公浩氣凌霄丹心貫日扶正統而彰信義完大節以篤忠貞豈受下謚而得名與實爽之繆乎蓋後主時黄皓專政以白爲黑以黑爲白此謚出於小人之手耳主其說者

文士如譙周輩皆非剛直臣當時悠悠之口不問而可知矣又俗稱爲伏魔大帝者尤謬　國朝順治九年敕封忠義神武關聖大帝雍正三年追贈三代公爵乾隆二十五年易謚神勇三十三年　加封忠義神勇靈祐關聖大帝後世祀者書牌位當從乾隆三十三年之加封

雍正間年羹堯征青海凡一長一技者皆收錄有紙匠疊紙百十幅於地以小鑿自上而下鑱諸花樣餘紙皆遍獨留極下一紙無纖微鐫劃痕又有廚工裸人臂作几

案置生豚其上揮雙刀剁之及肉成糜而背無毫髮傷夫技藝必有師傳而後成彼二人不假師傳惟心之所至而用之於習習之精熟毫芒不失庖丁所謂批卻導窾以神遇不以目視者乎夫豈一朝一夕之功哉案列子謂削竹木爲鵲而三日不下莊子謂郢人堊漫其鼻端若蠅翼使匠石斵之運斤成風堊盡而鼻不傷非寓言也即此可見草澤中瑰閎奇特者亦多多惜當今無如年大將軍網羅英傑耳

皇朝瑣屑錄卷十五終

皇朝瑣屑錄卷十六

嘉州　鍾　琦　泊農

軼事五十九則

聖祖放鶴亭詩云處士人何在山前夕照來亭空不見鶴礎石尚留梅楊柳縈烟嫩棠梨帶雨開今朝閒擬還是愛賢才結句直與漢高祖大風歌安得猛士兮守四方唐太宗元武門宴羣臣詩庶幾保貞固虛己厲求賢聖君哲主其拳拳好士之心古今同揆

聖祖賜張文端英聯云白鳥忘機任天外雲舒雲卷青春

不老看庭前花落花開想見 主聖臣賢賡歌颺拜

極熙朝之盛時也

乾隆間阮文達公元直 南書房時 高宗純皇帝問

曰伊尹二字何對文達曰阮元 上大悅案明成祖召解縉以色難二字命對縉曰容易久之成祖曰汝奚不對縉曰臣已對矣成祖大笑又乾隆間簡玉亭吏部昌璘飲柯給事瑾宅爲子約婚託柯爲媒而柯嫌其禮物率略笑曰居簡而行簡以手指曰執柯以伐柯一坐囅然此皆信口成對也見椒生隨筆

康熙間查初白學士聲山宮詹均在詞館有文望人皆呼

爲查翰林初白從 聖祖駕幸南海捕魚賦詩先成

有臣本煙波一釣徒之句翼日內侍傳　旨呼爲煙波釣徒查翰林可與春城無處不飛花韓翃桃杏嫁東風張郎中並傳矣

乾隆丙子紀文達公以扈從道出古北口偶見旅壁一詩剝落過半中有一水漲喧人語外萬山青到馬蹄前二句公奇賞之壬午順天鄉試公充同考官得朱子穎孝純投詩作贄則是聯在焉因歎鍼芥之契果有夙因後公出督閩學嚴江舟中賦詩云山色空濛淡似煙參差綠到大江邊斜陽流水推蓬望處處隨人欲上船嘗語

子頴謂此首實從萬山句脫胎人言青出於藍今日乃藍出於青此因騷壇佳話亦可見前輩之虛心盛德不沒人長也

嘉禾錢文端公視學畿輔有題帳詩一時傳為美談詩序云往年學使者下車供張甚盛厥後相繼簡任於此者多清節樸素之前輩以次刪除唯卧室内設一帳寒則禦風夏避蠅蚊余前後視學於此凡七年涖瀛郡者四將行必撤帳歸所司曰明年來無煩改作也辛酉春復來見帳極新因識數語並綴以詩繼余而役於此者必

朝右君子愼乃儉德有同志焉詩云不寢常如枕有警
屏私直似鏡無塵題詩自有紗籠護留伴他時繹帳人
鄭板橋大令雄談雅謔書畫多奇氣世咸以才人目之讀
其家書數篇語語眞摯肝肺槎牙躍然紙上非騷人墨
客比也板橋少孤寒賴乳母費撫養得活値歲飢費晨
負入市以一錢易餅置其手始治他事板橋旣入官有
詩云食祿千萬鍾不如餅在手平生所負恩豈獨一乳
母令人不堪卒讀
翁覃谿學士乾隆甲申奉　命視學廣東至辛卯秋役

竣凡三任八年嘉道而後學臣無此久任者粵東雷州亦有西湖坡詩所謂西湖不欲往暮樹號寒鴉者也其地相傳有西湖平狀元生之語郡人因搆書舍於湖上顏曰平湖覃谿學士按臨雷州有句云可笑此郡士不愧文不工但祝西湖平結此一畝宫又番禺縣學生王健寒年九十九尚能入試握筆爲文覃谿記以詩

蔣伯生大令因培於山左久爲寓公所築蘿莊花木交蔭有古槐七十二樹名其堂曰七十二槐堂一時名士各有倡酬伯生家不中貲又爲人假貸千金窮日甚其人

有力而不欲償適孫淵如權廉使下其事於邑伯生有
句云爲我追逋逼火急向人延譽見風流爲時稱誦按
此十四字足見伯生之任俠亦足見淵如之愛才官符
索債俗事之尤不料雅到如此

黃勤敏公鉞年九十詩興猶豪其弟泰和年亦八十公壽
以詩云朱顏常潤非關酒健步如飛懶杖藤憶道光中
廣東舉人陸雲從年百三歲晉京應會試　恩賜國子
監司業銜公亦贈以詩云何肉周妻自得仙醫方不用
集甄權中朝我已頹唐甚尙少先生三十年可稱佳話

梁山舟學士書法出天性十二歲即能爲擘窠大字生平能誠身齊家則非張得天王夢樓輩所能及矣老患腦疽危篤中昇有人持楹帖入展視其句曰萬里煙雲開嶂戶一天風雨護神鑑病遂愈逾四年卒年九十三

年大將軍有功勳而詩不多見惟閱其所題楊紫宸小照云魑魅隨身總等閒肩挑龍虎亦徒然羨君這副超凡骨不鍊金丹也是仙自是傲岸不羣

李公元度接統徽州防軍以代張文毅芾甫三日而軍潰徽郡失守曾侯相恚甚奏請擬正軍法奉 旨從寬

戍邊其實侯相深愛其才非果欲殺之也方伯謝罪稟有云君子原愛人以德覆之而又培之宰相有造物之權知我何殊生我侯相擾筆批其後云好四六好文章好才情

黄勤慤公鉞歸田後蒙　賞人葠其謝　恩疏語云老馬倘蒙芻秣朽質難勝暮年已廹桑榆夕陽尤好又云譬寒蟲之蟄處飲膏雨而頓覺昭蘇縱枯樹之婆娑遇春風而亦含生趣先輩文字迴不猶人

曾侯相輓塔軍門齊布云大勇郤慈祥論古略同曹武惠

至誠相煦嫗有章曾薦郭汾陽彭雪琴宮保亦有輓聯云謚并武鄉侯湘鄂戰功青史在壽同岳少保忠武以積勞嘔血薨年三十有九古今名將白頭稀相國與忠武同患難而彭公則稍間矣情誼有别辭氣不同而確切莫移則一也

賊陷金陵後聞一士人夙有文名令作僞王府堂聯士人援筆立就云一統山河七十二里半金陵週外城計滿七十二里半也朝文武三百六行全某賊怒殺之嗣以一論一詩開科取士詩題爲四海之内一東王一士人極力作頌揚語僞東王楊秀清大悦賜狀元及第秩同統制遊街之次

曰卽逸出二十或激烈或明哲均合乎道也

徐中丞士林陳臬吳中時自撰一聯云看階前草綠苔青無非生意聽牆外鴉啼鵲噪恐有寃魂洵藹然仁人之言凡內外問刑衙門皆當懸諸座右者也按公初入中書時有句云歸來惹得山妻問侍女薰香近有無可知世上通人當年少不羈勿覫爲道學及事權在手又必思自盡職業發抒其耿耿之初心公官至巡撫循績遠播父老至今稱之臬署一聯蓋言爲心聲也

常熟王蓺齋嘉慶間官給諫時嘗條陳漕弊萬餘言有十不可之論朝上書夕報可人比之魏文貞十思十漸主聖臣直時傳爲美談蓺齋名家相善吟咏予昔讀黃仲則綺懷云玉鉤初放釵

初墮第一銷魂是此聲評其何等旖旎讀蔣心餘響屧廊云憐伊幾兩平生屐踏碎山河是此聲評其何等感慨讀蘇齋夜泊云黃河一夜風兼雨磨鍊英雄是此聲評其何等悲壯三詩可謂異曲同工

國朝詩人以黃葉馳名者有三歷城王秋史云亂泉聲裏才通屐黃葉林間自著書又黃葉下時牛背晚青山缺處酒人行時人呼爲王黃葉太倉崔不雕云丹楓江冷人初去黃葉聲多酒不辭王阮亭目爲崔黃葉皆見漁洋詩話道光間吳淸如中書云寒楚唳征雁空階瘦粉蝶此夜荒山中不知幾兩黃葉予謂亦當呼爲吳黃葉

國初詩人皆知王朱施宋查趙爲六家乾隆朝又知袁蔣

趙爲三家其實同時尚有習庵竹嶼諸公稱吳門七子
道光間朱酉生綬沈閏生傳桂王井叔嘉祿潘功甫曾
沂彭詠莪蘊章吳清如嘉淦韋君繡光黻亦稱吳門後
七子又加曹艮甫楙堅蔣澹懷志凝褚仙根逢椿爲十
子就中酉生井叔最爲翹楚人又目爲朱王以比阮亭
竹垞酉生格律精嚴井叔才調宏富陳雲伯嘗戲之反
趙秋谷語云王貪多朱愛好

袁蔣趙於乾嘉間稱三家如海外三峯矗逼雲漢以氣而
論袁猶衡天氣也蔣猶干霄氣也趙猶含斗氣也然子

才學誠齋而出以靈活有纖挑之病若生學山谷而出以堅銳有粗露之病雲松學傚翁而出以宏富有冗雜之病

寶山蔣敦復字劍人始名金和字純甫幼有神童之目六七歲時塾師指几上墨令對蔣即應聲曰泉塾師以爲不工蔣曰黑土對白水何不工之有師於是奇之十餘歲時與家人負氣出游維揚適無旅費信步至平山堂聞阮校叔方讌客閽者擯不納蔣誚訶之校叔聞而命之入既見長揖就席蔣體短瑣貌不颺校叔意其十一

二歲耳嘗笑問能詩否曰能遂援筆作一絶以獻云東風吹我過蕪城入夢繁華記不淸花外笙歌樓外笛不知誰是庾蘭成曾賓谷轉運在座極稱賞因問今日誰可當庾蘭成者蔣指枚叔故枚叔待若上賓需用無吝色後以應考罵縣令縣令欲假别事羅織之乃削髮爲僧慕銕舟之爲人自號銕岸然蔣雖爲僧不守戒律其詩有云緑酒獻花詩獻佛靑樓聽雨寺聽鐘足見其風致矣諸友人皆憐其才惜其遇勸返初服遂易名敦復重就試張小浦拔以冠軍謂人曰此蘓太問之領袖也

晚就應敏齋方伯幕以文字交極相契重亡於同治六年臨歿謂方伯曰徒使曾仲連陳同甫一流人長埋泉壤間痛哉方伯爲刻其嘯古堂文集詩詞前已付梓按劍人詩詞清雄雅健咸同間大江南北無與抗手文頗縱橫馳騁有似大蘇特按之無實際諸多空言有戰國辯士習氣其自許曾仲連陳同甫一流則所抱負可知也所趨向亦可知也劍人與王紫詮交最篤咸豐戊子予游滬垣晤紫詮聚談得以讀其全稾紫詮亦松江名士才情跌蕩詩文麗藻爲日本國宏光所刻

乾隆五十五年江浙洋盜甚猖獗觀洪亮吉編修上成親

王書稱參將楊天相有功斬首降盜某等漏網安居皆由總督蘇淩阿貪贓骫法至今人民言之痛心切齒而洋盜則公然上岸無所顧忌皆此事釀成也寶山沈學淵桂留山房稿有樓船行云樓船將軍今楊僕同人先笑後號哭將軍赤手擒賊渠俘囚晨向軍門縛軍門告捷捷若飛水犀戰手衣錦衣尚書寶帳宿酲醒怒氣直上排天扉自從去年節鉞至海疆已報銷烽燧奏上並無賊蹤如何縛此狂奴來將弁無乃不解事襲趙文華呼盜與之故事坐問盜因盜言非盜皆良民良民誣盜罪無赦大車檻

檻徵將軍將軍欲訴不得剖三字風波莫須有感憤同聲唱白鳩淒涼空憶牽黃狗紙錢百萬擁郊闉婦豎雲屯泣送君獨有渠魁齊拍手買香敬爲尚書焚尚書餘怒猶未釋千絲一網殷勤織翠羽紅珊闕內侯風吹枷鎖巡城陌參將陳大用以此案牽連枷號吳淞口將軍一去大樹傾誰復入海鞭長鯨偶談往事衆切齒虞淵日落悲風生君不見議禮功臣不可奪郭勛能庇李福達又不見海艘載寶不患貧汪直能賄羅龍文古來黑白類如此今見武官不惜死嗚呼奈何獨有武官不惜死案此詩即指楊天相其云紙錢

百萬者天祖就戮吳淞觀者萬人皆持紙錢也稱軍門者或以參將加虛銜耳

錢文端二典江西試其庚午試竣寄其姪籜石宗伯詩有云悔不重遊廬阜邊越二十年癸巳宗伯亦典試江西洵佳讖矣

陳慶雲軍門國瑞湖北麻城人初爲黃殿臣養子後復本姓驍勇善戰性嗜殺斬庖丁無算執刀匕者恆惴惴也以克捷功最偉嘗語人曰戰要戰得穩追要追得狠退要退得緊按此乃名將語又助修黃鶴樓擬聯云黃鶴飛來復飛去白雲可殺不可留人怪其下句之奇慶雲

笑曰君未讀唐詩乎總爲浮雲能蔽日長安不見使人愁浮雲比安祿山非其可殺者乎雖自作聰明亦有可採

卿憐民家女乾隆間相國和珅侍兒也　仁廟親政相國有罪籍没卿憐流落人間爲怨詩若干首他句云金谷輸人傳墜粉他家夫壻是英雄似此侍兒不減豫讓眾人國士之論按裁紅翦翠鏤月雕雲從古名媛耽吟深閨善賦往往命不如人慧多折福以憐卿視之信然

嘉慶三年大學士和伸權勢熏灼　上審實誅之噫是

猶共驩頑讒並育於　堯天而誅殛於　舜世
聖作明述仁至義盡當道諸公尚其知感知畏哉案
和珅官階初爲鑾儀衛校尉一末秩微員耳因　警蹕
出宮　高宗純皇帝偶於輿中閱邊報有奏要犯脫
逃者　上微怒誦論語虎兕出於柙三語扈從諸校
尉咸愕眙互詢　天語云何和珅獨曰爺謂典守者
不得辭其責耳　上爲霽顏問汝讀論語乎對曰然
又問家世年歲和珅有口才奏對皆稱　旨故恩禮
日隆遷官多不次歷升至首相爵封上公子尚主凡龍

御寶頂紫韁雙眼翎靡不崇備本朝八旂大臣中　寵
眷罕有其倫倘感激　天恩始終恪謹則富貴福澤
不在傅文忠公下矣
耆介春祖國英有滿洲才子之目然頗自負　宣廟優
遇之嘗褒爲有膽有識迨　文宗嗣統恩禮寖衰屢
奉嚴斥有無耻無能之　諭耆揭一聯於楹云
先帝隆褒有膽有識　時皇罪過無耻無能頗爲
上聞迨十年英夷犯順　上以耆英昔年在誤和
貽害之列　命誅之

耆介春相國有米顛之癖家有成趣園以石置邱壑仄逕通日虛廊亙雲引水自屋角散注四時作瀑布聲復有巨石一高三丈有奇費數千金移園中相國鐫介於石不終日六字鐫此字未三日旋即被逮似此不祥語或天奪其魄一舉筆莫之爲而爲者歟

勝克齋宮保以　欽差大臣廢弛軍情經御史奏參同治壬戌奉　旨就逮赴京過山西橋頭驛題壁二云豪華豔說五陵游燕頷何人更虎頭百戰雄心馳露布一時將略寄風流敢拚直諫扶中葉愧播虛名動九州四

十鬚眉猶未老休嗟李廣不封侯玩其詩意似有功成者退之象不如岳襄勤鍾琪所作只因未了平生業又作封侯夢一場二句之謂含蓄也宮保抵京師下刑部獄賜死時人謂之讖語

雍正十年以綏遠將軍馬爾賽縱寇伏法趙翼 皇朝武功紀謂策凌急檄馬爾賽出歸化城邀擊準噶爾閉關不出故 上命殺於軍前魏源聖武紀謂此戰在漠北不在漠南何由轉繞二千里之歸化城乎按朔方備乘是時馬爾賽在拜達里克城不在歸化城也

左都御史揆敘居康熙朝性柔奸死後謚文端雍正間追削並　諭令於墓碑上改鐫不忠不孝柔奸陰險揆敘之墓此公幸而早歿否則不保首領矣

賈臻郡齋筆乘云岳斗南觀察與阿爲內閣侍讀在大庫親見雍正中年羹堯大將軍與內閣封文公箇面書右仰內閣字大三寸許加朱直過　英主當陽尚敢跋扈至此宜其　賜帛籍沒矣

聖祖冲齡踐阼內大臣索尼蘇克薩哈遏必隆鼇拜並受顧命同輔政時號曰四大臣接輔政四大臣實出鼇拜旨

託見　聖祖實錄鼇拜於　聖祖前往往不遜禮
後竟伏法
咸豐十一年　文宗晏駕灤陽輔政諸大臣躬侍　王
几遂傳諭海內以載垣端華肅順景綬杜翰匡源穆蔭
焦祐瀛爲顧命八大臣其實八人者特是日內直之員
上未嘗以元良付託端華肅順輩其志在攬權握柄
故矯　遺詔同治間八大臣則誅勠貶黜無倖免者惟
景綬以國戚起用
同治癸亥髮逆尚踞杭城惟紹興金華平湖富陽嘉善俱

已克復但浩刼彌天干戈滿地一望白骨黃茅炊煙斷
絕予表兄趙玉甫從戎駐防紹興有詩云日臨戰地晴
無色鬼戀殘骸夜有聲友人張蕉雪亦有白草春肥人
種血青燐夜冷鬼尋頭句可想見其荒慘景象矣昨閱
邸抄署嘉善知縣張某於咸豐十年城陷時攜印私逃
越三載大憲查無下落疑其殉節今嘉善克復張某擅
自署理勒捐殷實用酷刑索銀一萬有奇陰寄回籍飭
其子問舍求田經紳耆控告巡撫左公宗棠查察奏
旨拿問嚴懲在案浙省如此蹂躪邑令尚敢朘膏吸

髓是殘黎不死於刀兵水火之中而死於奇貪異酷之吏也夫受人牛羊而爲之牧尚不忍立視其死況　朝廷赤子忍視其淪胥乎況逃官猶假餘威剩焰乎似此昧良喪耻雖擬斬決亦不足以蔽其辜矣

同治乙丑逆酋汪海洋以殘寇餘孽踞廣東嘉應州等處於山徑叢雜間潛行設伏戕害官兵三千四百名勢燄愈張將僞侍王李世賢刺斃竄陷江西袁臨南贛等處與福建逆酋首尾相應而福建佛曇橋縣丞陳子曜由拔貢補授握篆後常與賊通且獻該逆酋聯語用漳州

所屬縣名撰成爲石碼通判馬珍盤獲經制軍訊實具奏奉旨就地正法案當今爲官有朘削肥家者有濫刑逞欲者有借刻而爲清者有恃才而釀禍者有驕奢淫逸虧欠國帑者有諂媚逢迎貪戀棧豆者至於教猱升木導虎號林實屬愈出而愈奇愈趨而愈下也

儀徵謝蒙漁給諫請誅已革兩江總督何桂清一疏有云何桂清蒞任以後惟以張宴演劇爲事常州知府平翰等競進玩戲男謁女舞日集於庭遂置軍事於不問及和春丹陽敗衄退往常州何桂清即飭裴思遁紳民閶

信遮道攀留願效死守何竟令親兵開放鎗礮傷死士
民吳九喜等二十餘人突門而出逃至常熟之十里亭
縱令兵丁放火劫掠居民鋪戶實受其害迨經奉
旨逮問兩年之久屢奉嚴催始行到部又云迹其所爲
既屬形同寇盜延不就逮尤爲藐視王章云云　下獄旋
伏法聞和春軍潰時有營員奔告之何適舉茶欲飲
杯落於地神色無措夫無膽識者必無志節詎解泰山
鴻毛之義哉
胡文忠致書曾侍郎云林翼嘗笑崑臣爲督（葉名琛）督兩廣而不

知粵西爲何人所轄根雲爲督何桂淸督兩江而割皖南皖北并割江北其失機在推諉不肯任事福元修濟以皖北之撫而割南岸以予浙江又割淮北以予公路宜其日蹙百里而軍政日非也葉何名節不終福則再起爲定邊將軍論得坐病之本并非刻以繩人也

諸臣遭戮以伸國法惟鄂撫靑墨卿中丞麐京外官紳於此公有怨詞中丞操履淸貞待士卒有恩衆樂爲用因徇一總兵請移師就饟走入湖南境　天子震怒正法荊州死之日三軍皆哭張文毅芾輓以聯云雷霆雨

露總天恩早知秉節孤忠久拚一死成敗功名皆幻境耶此蓋棺論定已足千秋中丞九京知此魂其無所恫乎

張石卿長沙府優貢有才略昔與賊酋僞翼王石達開交游故隨達開至金陵同參戎機林鳳祥李開芳分竄燕晉楚豫所至殘破皆出石卿運籌曾在金陵繪天下大輿圖凡經其淪陷府廳州縣及若何戰攻若何守禦莫不纖悉臚載後投誠曾帥營中効力曾帥特保至三品官其遇合亦奇矣旋有控其在賊巢作惡多端者並搜

獲大觀圖當誅之越四年湖南之變其子首先作亂種種機讖詐大有父風誠可謂世濟其惡者矣天生戾氣萃於一門亦刼運之所致也歟

同治間有逆民鄭錫彤瀏陽縣之沙龍鄉人其弟錫瑢子森同惡相濟家產千萬鄉人皆聽其指揮其殺人也悉活埋土中不慍於一人而必戮及全家爲所害者甚多蓋其耳目衆廣行伺察雖夫婦勃谿家庭詬誶無不知之幾有賈似道題詩移壁之風凡田地毗連覇占併兼受害者莫不恨聲切齒然其勢燄張甚官吏莫敢誰何

所蓄死士三千人爲之爪牙心膂性尤淫暴見鄉村婦女稍有姿態者無不羅致不論其有夫與否也家蓄戲班以重金購二童習技其一逸去後尋獲之矐其目在汕頭乞食詳言其惡歷歷如繪有族人懼累及移居他所其祖遺田數十頃歲收租賦八九千金錫彤曰彼既去此産應爲我有族人敢怒不敢言丁卯至京師應順天試中式遂臚列其用地雷火器攻十三鄉所殺無算及前後惡迹擊登聞鼓叩閽上控奉　旨嚴飭督撫究辦督撫密諭府縣設法擒治但沙龍地勢險阻其牆

垣隱然若金城湯池内藏大礮七十二尊刀矛弓矢無不具府縣不敢先發蓋懼其激變也鄭逆本捐副將銜而某鎮乃以計誘之結盟爲昆弟舉爲城鄉大團總時道憲已密派軍士於内外知其至以柬延之甫及官廳命去衣冠道憲坐堂皇詢其何故在鄉殺人則對曰彼皆莠民也不誅即爲亂又詢其何故攻殺十三鄉居戮數千衆則對曰彼皆揭竿謀變者也不殺則必叛又詢其何以不稟官則毅然對曰無官道憲大怒曰府縣在咫尺何謂無官命隸笞千百收禁囹圄其子早亡繫其

弟所供不諱後援謀反叛逆例處以極刑潮州人莫不稱快曾有竹枝詞二十首詠其事述其惡錄其鷹擊狼噬處閱之令人髮指

京師各衙門值日八日一周咸有定序曰吏翰吏部翰林院曰戶通詹戶部通政使詹事府曰禮宗欽禮部宗人府欽天監曰兵常僕兵部太常寺太僕寺曰刑都大刑部都察院大理寺曰工鴻工部鴻臚寺曰理鑾光理藩院鑾儀衛光祿寺曰內國內務府國子監凡朝官內直者皆從省文呼之

京師諺云翰林院文章太醫院藥方光祿寺茶湯鑾儀衛

轎杠又云吏科官戶科飯兵科紙工科炭刑科皁隸禮科看蓋各舉其職守也又御史巡城諺云中城珠玉錦繡東城布帛菽粟南城禽魚花鳥西城牛羊柴炭北城衣冠盜賊蓋各舉其所巡之地華樸喧寂迥不同也

吏部四司世稱喜怒哀樂蓋文選司掌升遷除授之籍故曰喜司考功司掌降革罰俸之籍故曰怒司稽勳司掌丁憂病故之籍故曰哀司驗封司掌封贈蔭襲之籍故曰樂司

刑部直隸司大門必欹斜不正曹司始安奉天司門閾一

二月輒施鬆漆相傳有直隸不直奉天無縫之語

道光八年定例舉貢金頂金盤秀才金頂銀盤監生銀頂金盤當時有遵行者三月後遂無分別十年改章舉貢全金生監全銀仍然淆混

刑部白雲亭地形最低夏秋雨後輒排几案作橋亭中水深至一二尺阮吾山司寇詩云十八曹司水際浮者今尚然也然相傳以沙擁翰林院水滸三法司爲吉兆不解何義

世稱翰林院講讀學士無事日有事有事日無事詹事府

衙門開印日封印封印日開印蓋每翰林院直日講讀學士遞無事摺如有應奏事件則由掌院具摺而學士弗與也至於東宮官屬則政務清閒用印日少故有此對

姜明叔謂邑令乃字民之官關係甚重故論語孔子獨丁甯於爲宰爲令之戒而他職不與焉劉潛夫宰建陽有云每嗟民力至叔季而張弓欲竭吏能恐聖門之鳴鼓曾公滌生侯相督畿疆撰聯勗屬吏有云無日不以龔黄召杜相規願諸君力行古道斯民正當水火刀兵之

後賴良吏默挽天心宜賓縣後堂題句有云勿謂一念可欺也有天地鬼神之監察勿謂一言可輕也有前後左右之竊聽勿謂一筆可忽也有身家性命之關繫勿謂一時可逞也有禍福子孫之報應司牧者當三復斯言又高安縣某令撰聯有云視公庭若家庭夜寐夙興不改寒酸面目以民事爲已事振貧起瘠敢忘飢溺心腸蕭山汪煥曾輝祖初習申韓後以進士出宰楚南時稱循吏其舊撰館聯有云苦心未必天終負辣手須防人不堪此非獨幕友奉爲圭臬凡司牧者皆不可不知

也

朝邑李桐閣先生元春作爲令八難論曰到任難事上難馭下難賦役難理教化難治訟獄難平災旱難恤盜賊難區區管見除到任難惟自苦約耳事上難謹愼以奉之淸貞以守之馭下難悉心以察之親民以詢之若夫賦役利之在公者令不得而主之但寬一分則民邀一分之惠利之在私者令得而權之能減一分則已積一分之福其有不在公不在私者是謂無名之利凡妄取妄受必悖入悖出或妻不賢或子不肖或水火巫醫以

至於瓦解氷消而後止教化雖難但法行自上先約已而後約人法行自近始肅內而後肅外善者奬之惡者懲之蓋致治以安良爲先恤民以除暴爲本矣訟獄忌因循而貪其展辯尤忌筆牘而借其駁審勿意主先入之言而不顧情理之當勿欲翻窮凶之案而不參輿論之同惟澄心定氣釋躁去浮從容詳愼而已恤災旱無他或發倉以延殘喘或平價以疏糴糶或通商以均有無或勸捐以施饘粥不宜聽信胥小藉此搜括富戶蓋地方有富戶卽國家之元氣貧窮之靠山也至於盜賊

充斥查保甲以請內匪行團練以禦外匪各路嚴巡卡以杜匪之往來各甲嚴簿籍以清匪之出沒然非得人不能共理非知人不能善任凡得人知人固在公而無私亦在明而無蔽耳爲令者簿書之役繁馳驅之日多固不容易但諸事如理亂絲解其結轖緒不引而自出矣如疏流泉決其壅滯水不導而自行矣爲令者又何至於難哉

嘲典史者有十得焉眞堪捧腹然所指乃南方典史若北方不能有此威福也其語曰一命之榮算得兩根竹板

拖得三十俸銀領得四方地保傳得五下嘴巴打得六年俸滿報得七品堂翁薦得八十養廉借得九品補服穿得十分高興不得

國初京師城南隅有刺梅園見徐乾學高太常神道碑安定門西有祝家園見梁尚書詞曲今故址亦不可得又聖安寺舊有金世宗像殿前古栢七八株今已槁矣刑部司員葉潤臣見世宗像移於白紙坊小廟中寺僧不知以爲關帝像也見蘿麗澞贅錄

周禮春官辨九拜自一拜至再拜外無所謂三拜故一跪

三叩首爲品官祭祖之儀蓋非祖父不足以當之門生見師尊亦止兩拜　國朝儀注有三拜者師當回拜乃鄉俗以三拜爲戚友壽則過矣近來大憲稱觴祝嘏而各員有用四拜無有用三拜者或謂四拜非吉禮然書院每年上學宮與山長多行四拜禮至於居鄉用三跪九叩首非謁孔廟則不可按祭祖儀注王公貝勒亦秪用二跪六叩首一品官以下皆一跪三叩首

自古幅員之廣莫過於元惟　國朝庶幾如軒如輊按一統志以道光二年爲斷東至費雅哈西極葱嶺北

界俄羅斯南至於海以見　聖武遠揚　天威震疊章
亥所未能步槎客所未及周也
國朝設官窰在江西景德鎮燒瓷供上並備以賞外藩其
中有同是質而遂成異質者有同是色而遂成異色者
俗謂窰變窰變之瓷甚珍奇價且翔貴然監窰官有兵
備道綜理有同知專司見則必毀之因不敢進　御恐
其難乎爲繼也
國朝文書告示紀數往往用壹貳叁肆伍陸柒捌玖拾案
唐張參五經文字及唐元度九經字樣皆如此書柒字

晉唐人皆作漆洪容齋五筆九作久陽數九爲老久義
玖黑色玉借作玖非或謂秦法凡數目字文單者取茂
密字易之一作壹二作貳是也查秦諸碑一二三改易
四以下仍用本文十字並改非秦之舊然數目乃要緊
關鍵處若不如此寫則奸人以前移後以少改多其弊
端如夏雲奇峯變幻莫測也

京師正陽門外之天壇乃明永樂十八年建繚以垣牆周
回九里十三步初稱天地壇迨嘉靖九年從吏科都給
事中夏言所請分祀天地另建方澤於安定門外遂專

稱天壇云　國朝因之

京師天甯寺塔高二十七丈五尺五寸見艮齋筆記京師外城乃成於嘉靖四十三年見明世宗實錄

皇朝瑣屑錄卷十六終

皇朝瑣屑錄卷十七

嘉州　鍾　琦　泊農

學校四十九則

宋熙甯四年始用王安石之議罷詩賦專用經義取士此則四書文所由昉也東坡上疏論之有云自文章言之則策論爲有用詩賦爲無用自政事言之則詩賦策論均爲無用然祖宗以來雖知其無用而莫之廢者設法取士不過如此剏以詩賦爲名臣者不可勝數何負於天下而必欲廢之此亦第爲王氏新學獻規耳嶺南楊

懋建謂詩賦之華不若策論之實策論之雜不若經義
之純荆公之所學非也所言則是也夫自鄉舉里選廢
而科目興漢唐以來舍科目更無取人之法膺詩賦之
選者此人膺策論之選者亦此人即欲爲鄉舉里選茂
才異行亦不外此人反不如以經義取士學者猶得以
窮經爲業而注疏之學亦因以不廢阮文達公曰唐以
詩賦取士何嘗少正人明以四書文取士何嘗無惡黨
惟是人有三等上等之人無論爲何藝所取皆歸於正
下等之人無論爲何藝所取亦歸於惡中等之人最多

生平所誦習惟程朱之說少壯所揣摩皆道理之文所以篤謹自守潛移默化有補於世道人心勝於詩賦遠矣案 國朝康熙三年會試改用策論七年七月詔鄉會試復以八比取士遂爲定制其所以累變而不廢者卽楊懋建阮文達公所言之意矣

明史藝文集部目錄中載元陳繹曾所著文說一本倪士毅所撰作義要訣一卷顧二書皆論制義之條例而所傳文曾不之見惟經義模範所載宋人經義凡十六篇我 朝四庫全書目錄亦收有經義模範謂存之以見

入比初體其餘汗牛充棟皆爲目錄家所遺
康熙五年丙午科鄉試新例頭場試策五道二場試四書
論經論各一篇
江蘇安徽分省取中自乾隆六十年乙卯　恩科會試
始
鄉試覆試自道光甲辰科後始爲定制其實始於順治十
四年也是科丁酉因順天江南科場事發　詔令覆
試
道光二十四年　諭外省駐防生員準入各省鄉試場另

考繙譯

咸豐元年兩江總督陸建瀛奏士子不明正學請以性理論試士經禮部議准生員於考試經古場童生於府縣覆試場添性理論一篇命題在濂洛關閩書中理解明晰拔置前列得

旨允行不數年粵匪南來建瀛棄師逃遁貽禍中原士論嘵嘵遂與周禮殃民孝經退敵等誚矣

軍興各省捐輸量加學額自咸豐二年太常少卿雷以誠

奏請始

順治二年乙酉江南鄉試以十月舉行三年丙戌科因故
明瑞昌王朱誼泐事改九月
定例進士朝考以論詔疏詩四項命題嘉慶丁丑科裁去
詔惟以論疏詩三項命題
康熙十六年丁巳因軍興開科止四省一順天一江西湖
廣附江南一福建附浙江一山東山西陝西附河南有
鄉無會
雍正四年丙午科奉　上諭五經取中副榜及兩次中
副榜者俱準作舉人一體會試後不爲例

道光初元辛巳　恩科因疫疾流行順天鄉試展至九月舉行

萊陽趙嶺閭仙康熙二十一年督學江南清廉自矢過江擊楫曰某若有私不能生渡江北矣於是干謁不行孤寒吐氣見董含三岡識略

定例優貢於朝考時緊置二等徒為貢監中增一名目而已案優貢三年一舉大省不過六名中省不過四名小省不過二名其查也至詳其擇也至慎其立法也本寓有周漢鄉舉里選之制所以同治間經湖廣總督官文

奏請優貢倣照拔貢章程分別擢用

世祖時詔天下選諸生文行兼優者與鄉試副榜貢生咸入國子監肄業康熙元年給事中晏楚灝奏停鄉試副榜而優生亦久不復舉自徐元文爲國子祭酒始疏請學政間歲一舉優生鄉試仍取副榜俾辟雍多經明行修之士時康熙九年也至今著爲令

同治元年十二月 上諭各直省選舉孝廉方正甚屬寥寥著在京四品以上大員及各直省督撫學政無論紳士布衣有實在堪膺孝廉方正之選者各舉所知云

云仰見我　國家側席旁求振興實行洵足以扶世教
而正人心也但　朝廷登進人才爲途甚廣此科專爲
表章實行起見原不在有無功名而各直省知縣學官
往往聽其胥緣囑託或門生世誼狥情妄充或舉貢生
監竊名自薦從未見有布衣而列此科者其實布衣中
有身修家齊品粹學優不得薦是選而終老蓬蒿者多
多矣

國初凡鄉會試三場俱由主考出題自順治十五年後會
試及順天鄉　試頭場四書三題　欽命密封送內簾

官刊印頒發
乾隆二十二年丁丑會試奉　旨易表判爲詩易經文於
二場永著爲例二十三年復於頭場增性理論一篇
乾隆二十二年　高宗三次南巡是春值丁丑會試
上駐蹕揚州　詔扈從大臣禮部侍郎介福自行在
賫　旨及詩題以三月初六日馳至京城宣　旨即奉
充總裁入闈時刑部尚書劉統勳禮部侍郎金德瑛已
奉總裁會試之　命　上方將迴蹕河工　召劉統
勳詳議限二十八日抵工故以介少宗伯代之見錢文

端公鐸石齋詩集註
孫文定公嘉淦管理國子監時條奏太學事宜令諸生於
時藝外各明一經治一事倣宋胡瑗立經義治事齋例
俾爲有用之學部議從之比年教六堂者論其齋規則
仍課時文外無所事事也今日之祭酒司業本以試帖
楷書得之文定舊法宜乎日弛矣按各省府州縣書院
若 朝廷更定條規院長宜延聘不宜推薦論品學
不論科名訓迪諸生一本安定成法三年學成省書院
擇其成材者申送二十名貢監一例府書院各五六名

縣書院各一二名上之本省布政司學政達其名於國學名之曰高材生每鄉試標異其試卷直達主司不必復經房考閱薦學政歲科試亦申送若干名即試文平常者亦附一等未必於是取十之五焉有多無少院長有不公不明者地方官詳布政司學政別延一人所上册中諸生試之不符主司學政奏更之院長多聘老成宿望亦必無是事諸生名已達部有改行失德者院長告之當道除名已中式及老病物故廢疾不能應試者別補之或各省各府別設一書院課舉人其會試亦照鄉試例名册

上禮部如是而天下人才有不駸駸日上務爲有用之學者吾不信也此予亦囂囂堂稿摘錄

國家設立宗學定例分左右兩翼每翼宗學額設教習官四員總管二員副管八員復有王公統司其事又欽派三品以上官京堂二員由科甲服官者以司稽察法至密而意至深焉誠以宗室子弟生長世胄派衍天潢不知稼穡艱難不明閭閻疾苦必使之入學肄業擴其見聞以免固陋陶其性情以化驕矜乃可以長保富貴也教習官三年俸滿查有功效始由稽察京堂加具考語

送宗人府帶領引見請　旨錄用獎其勤勞即以嚴其督課　國朝宗室代有偉人莫不仰荷　列聖之所教育迄於今而宗學幾成虛設矣同治九年大理寺卿王公榕吉奏　命稽察左翼宗學具疏謂肄業生始而有二十六七人在學接晤自後十三四人又自後一二人稽察教習者難得與肄業生講解若出題課試交卷尤屬寥寥詰其何以如此疏懈據該管官僉稱宗室荒廢大都爲貧所累緣宗學肄業生定例每名月給米三斗紙筆墨按時給領夏季以冰冬季以炭自經費

不敷月米裁減又改爲折色向之領米三斗者今領米不及二分其他更無論焉每月所領僅敷兩日之食欲責令常常人學讀書作文勢必有所不能宗學子弟如此支絀鄉村子弟更不堪設想 是宗學之設有名無實矣其稍裕之家亦或自行延師課讀然力能延師者十之一不能延師者十之九誠恐乃逸乃諺坐誤聰明大爲可惜在各教習不過敷衍歲月藉爲出身之階而職司稽察者扶同隱忍實覺負疚於中伏思我

皇上誼篤親親推恩錫類之仁無所不至獨入學讀書之子弟月米未復舊規似

無以示優異而昭激勸且兩翼宗學每年所撙節者不
過粳米五六百石共（京斗而論五六百石粳米折價銀一千三四百兩）地方水旱
荒災凡有奏陳　朝廷或截漕十萬石或二十萬石立
予　恩施即京師之普濟堂功德林每冬尚蒙
恩賞倉粟五六百石豈以宗室子弟培養所關而稍有
靳惜耶請　旨飭下宗人府妥議整頓章程肄業生
月米應如何復舊勤學與不勤者應如何分別勸懲教
習官應如何分別責成務使宗室子弟經明行修大可
為楨幹之材小亦不失為圭璋之品云云奉　旨允

行在案然杯水車薪肄業生於事無濟蓋天地間人貴
自立徒恃　皇枝寵樹以資養飱者非良圖亦非長
策也久而久之方兄適匱將伯誰呼仍如范仲淹數年
晝粥王韶之三日絶糧耳
同治庚午陝甘學政許公振禕於涇陽城內奏設味經書
院壬申川省學政張公之洞於成都城內奏設尊經書
院其要在崇實黜浮令高材生研究九邱又索諸子百
家十三經廿四史使其識義理稽故實手抄口誦以資
淹貫不特腹笥可充即政事亦了了然至於設課則合

制藝詩賦論策經解而考之總以學古爲貴植品爲先
也竊思風俗之盛衰視乎人才而人才之隆替視乎學
校學校者教士之地實養士之門士人有廉恥而後鄉
里有風化庠序有秀異而後在官有循良其始僅章句
誦讀之爲其究則生民休戚之寄故一人爲之衆人從
而效之方正邪僻分類殊趨謂之風氣一人倡之衆人
遵而行之學問議論先入爲主謂之師承其源甚微其
流甚大不可不謹也夫欲有所用以收得人之效則必
有所養以爲儲才之基我　國家文治宏開凡府廳州

縣設教諭訓導以資裁成禮樂又復舉行書院意欲楩楠共採桃李爭芬不使其有滄海遺珠之憾惟日久弊生學官視爲具文借門生爲執贄之階梯假季課爲陋規之地步師徒有數年未晤見者有數十年未晤談者不知何所爲教何所爲訓也再四思維惟書院開絳帳能約青衿若山長得人可以挽迴風氣振興人才所慮者督撫論位司道循情上以爲一歲之應酬下以爲一家之饔飧評點甲乙敷衍皮膚有負許公張公法良意美耳

國朝稽古右文尊賢禮士　列聖於直省城中設書院有一二所者有三四所者又各府共設書院一百八十八所各直隸州共設書院七十一所各直隸同知共設書院三十七所各州縣共設書院一千四百七十一所欲令於經史研覃淵邃蔚為有用之人才其意至優至厚惟童稚束髮讀書自先生以至山長朝夕以制藝資其錮蔽反不若外夷於香港所設環大書院之定章雖理至幽微事至奧妙皆能有法以曉喻之有器以窺測之其所教由淺而深由簡而繁故子弟靈明日啟智慧

日積該外夷勃然以興遽然以強也按英夷在香港所設環大書院延請研經味道者主皐比凡貧家子弟入學讀書而衣食膏火悉供自英夷不講習制藝惟於時政之得失民俗之貞淫物產之精粗輿圖之沿革兵額人數之多寡風氣教化之異同格致星算之淵微機器製造之成法在在皆資講習復使其誦讀各國之史乘借鏡於存亡興廢其所以益人神智非淺鮮矣

同治六年五月初二日江蘇學政鮑源深具疏近見各省因經兵燹書多散佚臣視學江蘇按試松常鎮揚諸府向稱人文極盛之地學校中舊藏書籍蕩然無存閭閻向儲各卷帙亦成灰燼士子有志讀書無從購覓江蘇如此諸省諒亦相同臣擬請 旨將殿板書籍照舊

頒發各學誠恐 內存書籍無多況 武英殿板久未
修整因思由 內頒發不如由外購求敬請 敕下
各督撫轉飭所屬府廳州縣將舊存學中書籍設法購
補俾士子咸資講習並籌措經費擇其尤要者循例重
加刊刻以廣流傳又士子讀書以窮經爲本經義以
欽定爲宗臣伏讀 章皇帝御註孝經
仁皇帝御纂周易折中 欽定詩書春秋傳說彙纂
憲皇帝御纂孝經集註 純皇帝御纂周易
述義春秋直解詩義折中 欽定三禮義疏皆闡發

精微權衡至當足使窮經之士得所指歸以上各書請
旨敕下各督撫先行敬謹重加刊刻頒發各學並遵
舊例聽書賈印售使僻壤窮鄉研精索要至窮經之外
讀史爲先但卷帙浩繁經費支絀恭請　飭令先將
仁皇帝御批通鑑綱目　純皇帝御批通鑑輯
覽先付剞劂頒發各學云云奉　旨允行在案夫戡
亂則整武爲急興學則修文爲本鮑公此奏使士子深
於經者窺聖學之原深於史者達政事之要體用兼賅
益下人才蔚起於以光　列聖右文稽古嘉惠士

林之至意

乾隆間　純皇帝特開四庫建文宗文匯文瀾三閣准海內士子就近觀覽並頒發學宮望其淹通博洽蔚爲有用之才而所在教官奉行不善宮牆美富豈惟深秘藏度甚至有私竊者有遺失者有鼠齧蠹蝕者將

皇帝稽古右文之心變而爲有名無實之舉矣自京師四庫外鎭揚杭亦有三閣髮賊跳梁槩付秦炬若崑山徐氏之傳是樓杭州汪氏之振綺堂錢塘吳氏之瓶花齋吳門黃氏之滂喜園鄞縣范氏之天一閣鄔鎮鮑氏

之知不足齋昭文張氏之愛日精廬南潯劉氏之暝琴山館羅江李氏之萬卷樓所藏書籍宏富兵燹以來半成斷簡殘篇近日吳興陸氏建守先閣請大憲轉奏朝廷以供郡人觀覽方之古人不多讓焉獨是中國幅員之廣人民之衆而藏書寥寥反不如歐洲儲積典冊徧惠士林使其枕經葄史也按鄭陶齋盛世危言泰西各國均有藏書院博物院而英國自漢唐以來無書不備本國書肆新刊一書例以二分送院收存咸豐四年間於院中築大廈名曰讀書堂可容三百人中設几案筆墨有志讀書者先向本地紳士領有憑單院列姓名籍貫持送院中董事換給執照准其入院讀書限六箇月更換一次如欲看某書某冊則以片紙註明書目交值堂者檢出付閱讀畢繳

還不許攜帶出門及損壞塗抹倘有遺失責令賠償特設總管一員司事數百人每年經費三十萬金通國書樓共二百所藏書凡二百八十七萬二千册此外如法蘭西書樓共五百所藏書凡四百五十九萬八千册俄羅斯書樓共一百四十五所藏書凡九十五萬三千册德意志書樓共三百九十八所藏書凡四百三十五萬册奥大利書樓共五百七十七所藏書凡五百四十七萬六千册又法蘭西京城名巴黎另有書樓尤宏敞獨藏書二百七萬九千册德意志京城名伯靈另有書樓亦藏七十萬册羅馬大書院除刻本外更有鈔本三萬五千册細若蠅頭珍如鴻寶洵數典之鉅觀博學之津梁也

凡衡文黜陟歲考一等增附青社均補廩無廩闕附青社先補增無增闕青社先復附其丁憂起復之候廩及因考停廩各生準復廩均依名次序補二等增補廩附青

社補增無增闕青社先復附停廩降增者復廩增降附
者復增三等無黜陟候廩候增者復廩增均與考列一
二等之增附新舊閒補停廩者收復候廩增降附者收
復候增青衣發社者復附四等廩停食餼限六月送考
原停廩者俟下次歲考均憑文定奪增附青社朴責示
懲五等廩停作闕原停廩者降增增降附附降青衣青
衣發社原發社者黜為民六等廩十年以上發社增十
年以上發本籍充吏不願者聽入學未及六年者發社
餘皆黜為民科考列一二等者册送賓興三等候考遺

才錄取者冊送不取者不準鄉試其補復廩增與歲考同按取士立法如此嚴密仰見　國家黜浮崇雅激濁揚清之至意但百十年來各學政技選青錢文裁白鳳者固多而煦煦爲仁苟苟從事者實不少以致槍冒結黨成羣胥吏舞弊作奸況項斯未至先說其來呂安旣臨卽籌其去竟有視覆試爲具文不閱卷不斥劣者似此紛紛彰彰何暇言及降青發社卽而生童雖列膠庠亦不知青社是何取義上無勸懲希圖敷衍下無奮勵希圖詭獲毋怪乎文風不復古士習不湻良耳

國朝會試及大省鄉試揭曉以逾月十有五日中省先五日小省再先五日爲準殿試以四月二十六日傳臚以五月一日凡諸生中式各　賜冠服及白金二十兩會試給公車費既成進士　賜白金三十兩一甲三名外加五十兩第一名冠服靴帶二名以下表裏各一端

定例官生卷京堂五品以上及翰詹科道外省文官三品武官二品以上之子若孫同胞兄弟及兄弟之子鄉試準作官生卷順天鄉試滿洲蒙古漢軍官卷以十名取

中一名南北貢監生官卷以十五名取中一名直隸江南江西福建浙江湖廣官卷以二十名取中一名山東山西河南陝西四川廣東官卷以十五名取中一名廣西雲南貴州官卷以十名取中一名如官卷不滿十者入民卷通校文不充數者以民卷補中

康熙五十四年　詔命廷臣甄別各省學臣眾議以湖廣學政李周望爲第一遂由侍講擢國子監祭酒

康熙二十年方洗馬象瑛王吏部材任典蜀試時川亍兵革方定輅車所屆滿目荆榛方王二君殫心蒐拔惟恐

偶屈一士得士四十二人每折卷當事輒額手稱慶又未撤棘時學使者馮雲驤籍三川名雋三十人驗其得失榜發售者二十有五副車三所未見者二人耳蜀人相傳以爲佳話乾隆壬午吳修撰鴻督學湖南是科主試者爲嘉定錢詹事大昕韓城王文端公杰場後諸生各以闈藝呈吳吳最賞者五人丁甡丁正心張德安石鴻翥陳聖清也曰此五卷不售吾此後不復論文矣揭曉日招客具飲使人走探俄抄榜來自六名至末只陳聖清一人吳旁皇莫釋未幾五魁報至則四生已各冠

其經如聯珠然大喜過望首唱一詩以誌其盛和者三十餘人二事極相類合記之爲今督學典試者勸

順天鄉試考官凡籍隸畿輔者例不開列乾隆癸卯覃谿學士以洗馬奉　命充副考官尤爲異數（洗馬亦例不充順天主考）嗣後紀文達公亦曾主京兆闈

歸宫詹入闈誓神文略云某等素著清貧謬叨榮遇期爲朝廷遴選眞材儻或爲利營私徇情欺　主明正國法幽服冥誅甘受妻孥戮辱之慘必膺子孫滅絶之報

按朱竹垞檢討典試　南渡江告江神文曰如其才衰

有昧徇人賄託廢棄眞才神靈有知允當罰殛又入貢
院誓神文曰如或心存曖昧過抑眞才受一言之賄託
通一字之關節神奪其算鬼褫其魄五刑備其體三木
囊其頭刀斧分其尸烏鳶攫其肉云云前輩鉅公衡才
公正如此
乾隆時湖南羅公典以翰林視蜀學其自誓聯語云一卷
不閱雙目瞽半點私心四子殤每與多士講論輒手舞
足蹈故有諸生莫笑談經客我是湖南老秀才之句其
眞摯如此聶公銑敏於嘉慶間進呈 萬壽迴文賦重

入翰林督蜀學其自誓聯語云校士絕私千片念有私心卽昧衡文能徧閱一篇不徧目無光故落卷發出概有評點創建墨池書院所費不貲皆捐廉俸爲之道光丙午徐公士穀督蜀學場規嚴肅所懸聯語云愛士士當自愛欺天天爲誰欺此外如吳公杰王公篤張公之洞何公遹然楊公秉璋譚公宗浚莫不黜浮崇雅激濁揚清非博寬大之名而滋代倩之弊者使操冰鑑皆以此爲式則羣生挾纊多士彈冠而黌宫亦無濫厠矣

咸豐三年三月 上諭軍興以來需餉浩繁特命大學士

裕誠等會同戶部議覆本日據奏請推廣恩綸申勸捐輸著照所請由各省督撫妥爲開導凡紳士商民捐貲濟餉一州縣捐至二千兩准廣文武學額一名如應廣之額浮於原額即遞行推展儻捐數較多展至數次猶有盈餘者准其於奏請時聲明分別酌加永遠定額云云自是以後各省捐數日增其大縣未經殘破者考童或一二千人取進六七十名尚堪採擇若小縣文風荒蕪譾陋之區又迭遭兵燹而考童愈形短絀兼以歷屆歲科停試至開棚時併案取進凡凶暴子弟狡獪屠沽

以及役字碑無根樹莫不倖廁芹藻豈知地方多一不明白之秀才則多一不循理之惡衿而貽害匪淺矣

同治丁卯　上命厲恩官典試福建按臨積年未考之延平邵武等府有縣進額十二名而考童僅十三名者有縣進額三十名而考童僅二十七人者由捐輸推廣過多兼以兵燹後士庶亦少雖定例甯缺無濫而學臣仰體　朝廷鼓勵人才至意不論文章高下皆得濫列膠庠而此輩恃符妄行結盟插血其于士習文風大有關係矣見御史范熙溥奏疏

戊辰之秋湖北學政張公湘濤之洞以團練捐輸加廣學額太濫請飭疆臣切實核減部臣變通定章一疏有云初學者略識之無便懷徼倖之想幸中者未嘗學問更無求進之心將向來文物薈萃之區寖變爲荒蕪譾陋之習不學者以爲得計老成者深有隱憂況人數過衆則官師之約束難取額過寬則士林之流品雜其於士習文風殊有關繫云云夫進取難則眞才出而國强進取易則僞士多而國弱太史之論合乎正本清源之道矣

宋初尚文選當時文人專意此書至爲之語云文選爛秀才半見放翁老學庵筆記近日文人專攻四書甚至五經亦不全讀于史集更置不顧因有四書熟秀才足之語蓋古以雜作取士今以時文取士故所習殊也然時文愈趨愈下吾甯爲古之半秀才不爲今之足秀才也國初文章所取者清眞雅正自嘉道以後采浮華而遺實行習經義而昧時務判不知律策不通今無非掇拾剽竊徼倖於主考房師童之所習壯之所試不出章句陋亦甚矣是以服官任職庸庸碌碌間有卓犖瑰瑋脫穎

而出不爲僞學所困者亦千百中之一二耳風頹而不可止俗壞而不知怪此有識者所爲痛惜也夫科目所以得經濟之士而孝弟力田獨行高潔者非薦舉不進薦舉足以得正誼之士而宏詞博學識達政務者非科目弗進今當事者皆因陋就簡以爲經制既定不肯於高皇帝之成法妄爲紛更不知薦舉大典固 高皇帝法也今不思廢墜之當修而徒慮紛更之無益不恤科目之未盡而徒病薦舉之多私以是而欲求異材收實用吾見士習益敗而教化益衰也故欲士敦實行莫若

修薦舉士通世務莫若重制科制科之法凡習錢穀甲兵水利邊防以及天文律歷書算者咸得以所長自售因能以授官使專司其職薦舉之法責成督撫藩臬或一郡一人或一省一人其謬舉弗勝任者許臺諫糾參公卿議駁甚則罷職弗敘其蔽賢不舉者亦罪之如是則薦舉足以搜遺逸制科足以羅異材而科貢所得明於經術者兼而用之則取士之途寬而無遺才責實之政成而無飾行矣以上二則亦囂囂堂稿摘錄

雍正十一年賜天下省會帑金皆百鎰俾悉建書院　詔

撫臣預籌膏火以垂久遠其有不足仰給於官由是郡
邑皆得建焉夫學校之養士至矣乃復宏開書院者何
哉蓋太學之教專在國子府州縣學之教僅及諸生其
定制然也若夫書院則凡未入諸學及已入者皆收而
教之又乾隆間　詔各直省督撫於所屬書院認真稽
察延請品學兼優紳士住院訓課其向不到館支乾俸
之弊永行禁止於此見我　朝廣學之盛教育之隆士
子涵濡沐浴二百三十年以來莫不彬彬質有其文矣
同治六年正月據福建紳士前光祿寺卿楊慶琛前江西

巡撫沈葆禎以書局工程將蕆設立舉貢書院爲海邦作育人材曾經總督批司議定章程在於釐金項下籌撥銀五萬兩發交殷實當商每月完息一分一釐以資經費將正誼書局改爲正誼書院凡福建舉人及恩拔副歲優五貢概准與考於每年二月望前由大憲親臨甄別照依章程考取內課五十名每名月給銀四兩外課五十名每名月給銀三兩曾經總督吳棠奏准在案查舉貢肄業從來未設書院而設書院考舉貢者自此始嗣後海甸文風蒸蒸日上者皆出自聖教之薰陶矣

本銀五萬飭典商案年出息六千六百兩在書院膏火固有餘而典商支持豈能久蓋立法所忌偏枯若顧此失彼徇典商倒塌別典商跑詞不肯前耳今春晤漳州蔡竹泉孝廉問及正誼書院亦言近年當道所延山長往往徇情敷衍而經費亦多侵蝕所謂有治人無治法是也

康熙三十二年江西道監察御史鄭惟孜所奏場中較文同考官是賴若不預加考試但臨期鬮定則荒昧者僥倖分房真才未免沉抑請嗣後各省應分房者不許規避皆限七月下旬到齊監臨提調官與學臣及方面進士官一二員公同議題四書長題短題各數十道五經題各數十道各題鬮出一道使作題說一篇其題書理

語氣云何爻有幾格某格云何經書三說俱通者入內
簾通二說者補數餘俱分發外簾所考題說俱解部磨
勘若不通者見取通者見遺即行議處至順天亦照各
省例同科道官一二員考取則荒昧者不得濫與大典
矣又順天無論皿字貝字一概秉公細為較閱落卷發
至順天許科道公同查核如南卷謬加圈讃北卷草率
了事者指名題參照例議處則房官無所容其私矣
同治元年四月邸鈔　殿廷考試翰林院庶吉士嚴辰曲
意頌揚當奉　兩宮皇太后　懿旨訓斥申

外同欽蓋貢諛獻媚端必有所由開而杜漸防微機尤
貴於先戒足徵我　朝　列聖賞存儆惕非如前
代諸君喜夸深仁侈談愷澤者也
乾隆五十二年以前同考官以五經分房而試帖詩在第
二場今則移于第一場而考官無五經之名其不以五
經分房者以士皆習五經也
定例殿試策末以草茅新進結尾因宗室人員得邀選入
草茅二字不妥　上諭改爲末學二字從嘉慶壬戌科
起也

博學鴻詞科始於宋紹聖元年中書省言唐取士隨事設科其名不一有詞藻宏麗文章秀異之屬請别立博學鴻詞科　國朝康熙乾隆倣而行之士子應運而興兩科得人比較别科尤盛

明宏治中祭酒章懋請於常貢外合提學行選貢之法不分廩增附通行考選務求學優品端年富力强者充選貢十二年舉行一次此選貢所由始也雍正五年定六年選拔一次之制乾隆七年二月定選拔仍照舊例十二年題請舉行

國朝仿明制以取人才與秦漢魏晉選舉之法不同蓋古者舉而後試後世試而後舉古者知而後舉惟恐其弗知後世舉而後知惟恐其先知古者先之以行而後試之以文後世試之以文而後求之以行然取人才則無異也惟古者於士子必訪有救時之標本以兵刑農田而考之故少浮沉苟祿之輩後世於士子不問其立身之進退但以詞藻文章而取之故多輕浮躁率之徒

著述家以時文爲小道故藝文志概屏弗錄如熊劉方儲所作　純皇帝選入　欽定四書文而傳中均無隻

字提及曾不如一二詩畫雜流留名不朽亦可悲已據管見若鄉試累薦不售者何如於十三經廿四史研覃淵邃肆力於古學並揣習兵刑錢穀農田水利資其經濟以視專心於變格偏鋒怪字險語借以神其詭遇獲禽之技而無實際者偶乎遠矣以上二則亦囂囂堂稿摘錄

皇朝瑣屑錄卷十七終

皇朝瑣屑錄

卷十八之廿二

皇朝瑣屑錄卷十八

[redacted] 嘉州 鍾琦 泊農

學校三十八則

康熙四十五年二月上親定殿試陳廷敬奏會元尚居易首篇文一千二百餘字文亦不佳向來鄉會試作文不得過六百五十字所作違例應行黜革從之考官皆獲罪於是庚戌壬子後文風大振

雍正癸卯科十一月二十九日 上諭新科進士於引見前朕欲先行考試再引見一應仍照殿試預備朕將詩

文四六各體出題視其所能或一篇或二三篇或各體俱作悉聽其便此即朝考之始

臚傳次日諸進士禮部赴宴堂西北懸飛龍畫軸設香案謝　恩其事始於乾隆元年

三魚堂記云邵二泉爲江右提學行事如生員不葬親者不許科舉又生員年少能文者限其每季讀書若干此二事講求根本有裨風教可爲後來視學者法

乾隆已前凡　御試開列試差諸臣皆發出等第名次惟乾隆四十二年丁酉三月考試差單不發出越二年己

亥又改如前例此後始審定名次不復揭曉矣此亦
國朝掌故之一今日駕軺車而出者什九茫如矣
世人知有例監而不知有貢監功監准監知有恩拔副歲
優五貢而不知有功貢准貢順治二年定直省府州縣
學不拘廪增附每學將文行兼優者大學送二名小學
送一名入監肄業名爲貢監功監准監順治十二年定
隨征廪生俱准貢監爲功貢增附生有軍功二等准作
監生更有軍功二等准作貢生爲准貢
京師金臺書院在崇文門外金魚池上　國初名首善義

學乾隆中始稱書院然非前明首善書院也明首善書
院爲鄒南皋馮少墟二先生講學之所在宣武門內天
主堂即其故址今金臺書院供奉鄒馮二木主一時肄
業諸生遂憒然莫識其由來已
國子監供　先師以崇矩範闢黌舍以聚生徒時肄習以
廣術業勤訓廸以儲人才凡貢監升於太學由國子監
官考課列一二等者準其肄業在學肄業者百五十六
人在外肄業赴學考課者百廿人積三十二月擇學優
者保薦分別錄用又設有算學滿蒙共二十四人由各

旗官學內考取漢有十二人於舉貢監生童生內考取附學生二十四人由欽天監選送五年精通天文生用又國子監考取設有教習官六員欽天監在內協理光緒初且派親王總理算學事按歐洲取士設有七八科以算學爲入門先通算學而後聽其所好凡習一才一藝總期實事求是與中國迥不相同中國專尚時文郎本地之兵刑賦役錢穀農田尚惽惽然安知勾股求弦緣功令所在士之工此者得第不工此者不得第雖有豪傑亦不得不以有用之心力消磨於無用之時文郎

使筆陣摩霄交瀾倒峽試問能以之防奸禦侮乎不能也能以之懷德畏威乎不能也一旦業成而仕則又盡棄之噫所學非所用所用非所學古謂敲門甎誠哉是言矣　朝廷亦知其無益於國子監設天文算法而國子監皆由翰林升補秪知墨卷墨裁又分高位崇非科甲中人不交言談例設蘊體堂研思堂各教習亦視九章之術爲六藝之末縱然考取學者無非支離敷衍選者無非苟且塞責安得有推步甲乙度量乾坤者乎卽以鼓勵而論舉人考取僅以欽天監博士用夫博士

乃徵員末秩舉人豈舍知縣正印反從六觚一握中周
折多年而圖此閒曹冷官耶所以中國於方圓之形奇
耦之數不及歐洲者此耳
國朝取士多仿照唐制如大挑撿發則論品貌豐偉察看
考驗則重言語詳明殿試朝考則取書法端楷秋闈春
榜則尙文藝優長按唐書取士一論品貌二論語言三
論楷書四論文理四事皆可取則論德德均則論才才
均則論勞至宋時猶行此法所以　國朝亦因之
定例陝甘額取舉人共六十一名於西安府設立貢院逢

鄉試甘肅士子赴陝下場又學政遠駐秦省三原縣三
年一度按臨甘肅與行歲科兩試其情形均與各省大
異同治十二年主事滕烜道員曹炯等聯名呈稱捐建
貢院請援荆湘滇黔鄉試分闈取士左公宗棠據情入
奏懇照各省中額最少之貴州每科取中四十名滿營
應試士子每科取中二名合共四十二名作爲定額遇
簡放主考學政之年另　簡甘肅正副考官各一員
甘肅學政一員俾合省士子得以就近鄉試而歲科按
期校閱學臣亦免跋涉之勞云云　奉旨允行自分闈

後除甘肅額取舉人四十二名外陝西額取舉人五十二名較定例推廣多矣查甘肅府廳州縣距陝進者平慶涇鞏秦階兩道約八九百里蘭州一道近者一千三四百里遠者一千六七百里迤西之甘涼西甯迤北之甯夏遠或二三千里至安肅一道則三四千里鎮廸一道更五六千里不等邊塞路程攸遠兼以驚砂亂石足礙馳驅較中原行路之難奚翅倍蓰士子赴陝應試非四五十日不達秦省所需車馱雇價飲食芻秣諸費少者數十金多者百十金其赴鄉試盖與蜀楚各省舉人

赴會試勞費相同若非此番奏准分闈恐甘肅士子當路踏槐花人彈柳汁之年竟有畢生不能赴鄉試者窮經皓首逐隊無緣良可嘅耳從此經正民興邊方士習文風可期丕振基於此矣

同治十一年御史游百川具疏有云進年文風未振真才不出今欲改此錮習莫若杜人儌倖之心而引之專章讀經竊惟人才登進之路賴有鄉會兩科人才培植之基尤在歲科兩考按歲科應試生童定例考古在先正場在後應請 旨飭下督學使臣徧行曉諭若生童有

能默誦經書通達旨義者准其赴該學報名註册即於
考古場中按名面試隨抽數條而試之果能成誦且能
講解者即正場文字未甚優長亦拔之以示鼓勵其未
經報考止就正場文字取進者亦於發落時令其認習
某經書錄名註册俟下屆按册而試之勤奮者立予獎
賞玩愒者嚴加創懲如此懇懃勸誘將來屆選拔舉優
之年分可期得經明行修之儒以仰副我　皇上樂
育人才之至意云云蓋爲政之本在於得人得人之原
視乎造士　朝廷顓俊求才原期士子讀書明理本所

學發爲文章而因以措諸實用也乃自爲學者求名之心太急往往四書五經未能成誦而卽讀膚淺考卷學爲應試之文旣務應試則束書不觀專取油腔滑調之時文百十篇揣摩求售叩以經義茫然莫辨且有句讀不知者師如是以爲教弟子如是以爲學（不惟童生如此者多多而入學後訓人之子弟亦然以盲引盲流毒貽害非淺鮮矣）求所謂淹通經史者蓋鮮也求所謂砥礪行修者益寡也豈知學無根柢安有佳文寒畯之士不讀書而臨場蹈懷挾之弊素封之子不讀書而倩代恃槍冒之爲人心愈浮風俗愈敝游御史

所奏爲整飭學校起見果能照此舉行乃正本澄源之要道也但言者諄諄聽者藐藐自同治以來未見學政面試經書使其成誦講解者甚至覆試亦成虛設兼以槍冒三四百人凡新生有弊者遂於轅門內樹援植黨以資威逼執梃持刀以圖需索堂下如蟻聚蜂狂堂上如泥塑木雕所取眞才十僅二三若伏臘之文誤讀弄璋之字訛書者十有七八也然此輩爲區區膠庠其間典田鬻地蕩產傾家者纍纍不得不恃符妄行肆毒逞強從前畏法之心不勝其嗜利之心此後本鄉之事皆

化爲害人之事矣
國初承前明舊例順天鄉試正考多以前一科一甲一名充之幾若定制如康熙壬子則以庚戌狀元蔡啟僔主考乙卯則以癸丑狀元韓菼主考丁巳則以丙辰狀元彭定求主考辛酉則又以己未狀元歸允肅主考一時奔走者先期夤緣場屋中多倖進者自歸宮詹入闈撰文自誓闔節不通榜發下第者譁然俱是世家族之子弟大冀與大獄時魏敏果公象樞爲大司寇以朝端碩望步行隨一僕攜衽襆墊至宮詹所居宅外行四拜禮曰我爲

國家慶得人也復賦詩紀事徧示朝列外議始息然自
後北闈試事不復令新殿撰持衡遂改三百餘年之舊
制矣又按歸宮詹立朝清謹通籍後年遷歲擢皆出
特簡時湯文正公擢外臺講官缺人掌院大臣以宮詹
短視不開列　聖祖於袖中出片紙示諸大臣曰
此人何如朕以爲繼湯斌後無逾此者諸大臣俱拜慶
講幄得人
國朝三月殿試傳臚次日於鼎甲中最資深者請代作謝
恩表所以尊前輩爲其知體式也凡請代作必登堂

求見投門生帖用贄儀二十四金賞長班管家銀八兩俱照例又次日到禮部赴　恩榮宴自滿漢大學士以下監試御史讀卷官收卷官掌卷官及巡緝供給各官俱與焉狀元一席榜眼探花一席諸進士四人一席

上遣大臣一員陪坐用滿漢桌銀盤果品食物四十餘味極天廚之饌　御賜酒三鼎甲用金碗隨其量宮花一枝小絹牌一面上有　恩榮宴三字惟狀元用銀牌四月初二日午門外賜凉帽水晶頂鑲蟒朝衣玳瑁銀帶馬皮鞾當時更易率諸進士行三拜九叩頭禮榜

眼探花以下俱折鈔五兩初六日捧謝　恩表跪丹
墀下內閣收進匣用黃綾包用銷金龍袱初七日國子
監釋褐鴻臚寺官引狀元等至　先師位前行禮畢至
彝倫堂拜大司成大司成坐正位在監中式者行四拜
禮餘俱兩拜大司成請鼎甲上堂酌酒三杯鼓樂送出
越日吏部引見授職謝恩後見滿漢大學士行一拜三
叩頭禮舊規二拜六叩頭大學士受一答一今大學士
省答拜之禮止行一拜禮見學士二揖即出若到任先
謁孔廟次謁土地祠土地祠神爲韓文公也至內院報

到任日期投教習老師請啟然後典籍移咨吏部開俸
見繆念齋臚傳紀事
定例貢監考職以賓興之年五月文結限三月內到部考
取入選者覆試恩拔副貢生分三等錄用一等州同二
等州判三等縣丞捐貢監者分二等錄用一等主簿二
等吏目均注册候選捐貢考職不限年監生未滿三年
不與考
康熙十六年詔舉博學鴻詞秀水主事吳源起以陸清獻
名上其薦牘中有理學深醇久入程朱之室文章閎博

復登韓柳之堂四語

裘文達公充磨勘大臣時某省士子用社稷鎭公子衆以爲應議公心知非杜撰而一時忘其出處歸第問公子麟對以句出國語於左傳檢得之遂長跪受責時公子已官編修矣公課子之嚴待士之寬一舉而兩善備焉

磨勘之例自乾隆己卯始嚴時磨勘官宮太僕煥文閻侍御循琦朱侍御丕烈朱侍御稽盡心細核指摘較多世以爲魔王蓋借魔作磨也同治癸酉梁京卿僧寶充小磨勘爬剔極嚴主司房考多獲譴人亦呼梁曰魔王至

不安其位乞病去

雍正四年　世宗以浙人查嗣庭汪景祺詩文悖逆風氣惡薄停止浙江士子鄉會試六年經李衛王國棟王蘭生等奏稱兩浙人士省愆悔過士風丕變　諭準照舊應試前後三年澆漓盡革況今涵濡　聖澤幾二百年宜風氣蒸蒸日上也

嶺表荒遠督粵學者往多不舉其職獨惠半農學士士奇輶軒所屆砥課生徒甄拔實學一藝必錄苞苴不行粵人慕其淸德祀於湖之龍山惠之西湖以配韓愈蘇軾

時粵士蘇珥羅天尺何夢瑤陳海六皆傳其業號惠門
四子

國初凡提督學政惟直隸江浙曰學院以進士出身之卿
貳及翰林院侍講侍讀充之餘曰學道並繫以按察司
副使銜由六部郎及知府之有資望者推用

康熙丁酉江南科場舞弊各省舉人皆覆試惟錢塘嚴侍
郎沆所主山東試奉　旨不必覆試蓋信之有素也

己未　詔舉鴻博科朱彝尊方象瑛魏禧皆侍郎所
薦士可見其相士之公明

殿試卷例以前十本進呈惟乾隆庚辰年秦尚書蕙田等以十本外尚有佳卷特旨計以十二本進呈是科十四名以前並入翰林（按同治以來二甲二十名前均入翰林幾同成例）至乙卯年恩科大學士伯和珅讀卷以無佳卷止取八本呈御覽見北江詩話即此一端秦文恭與和相其心術之寬狹瞭然矣

北場鄉試有不利午科之說遠則乾隆庚午科幾成大獄近則咸豐戊午科按法誅放數十輩今年庚午十八魁中以錄舊自請註銷者四人解元李璜綸與焉亦所罕

見
程可則之除名也梁上國史館綴聞黃崇簡 國朝貢舉考略皆載之然沈德潛清詩別裁小傳云可則字周量廣東南海人順治壬辰會試第一官兵部職方郎中汪琬周量像贊序云被黜後應試擢中書舍人又進士題名碑載順治壬辰會元張星瑞可見 國朝舊制榜首因磨勘斥革許擇人另補其被革者亦不必終身擯也
嘉慶己巳 恩科浙江學政劉鳳誥代辦鄉試監臨闈後人言藉藉有監臨打監軍小題大作文宗代文字殘屋

長鎗之對語 密旨查詢經巡撫阮元以對語達天聽
上復遣侍郎託津等三人抵浙按問劉獲重譴阮亦
以徇庇奪官 諭旨中有云鄉試士子係由學政錄送
入闈劉鳳誥本當避嫌何以輒將監臨之事交伊代辦
已屬非是何以近科秋闈竟違 祖訓仍有以學政
監臨者
國初直省學政沿前明舊習多徇干謁行苞苴 聖祖
深嫉之時大僚中清譽久著者莫如浙撫張文端公鵬
翮而各行省中積弊最深者莫如江南遂 特簡公覲

江南學公信心直行矢慎矢公終其任無一倖進者聲華之士偶得京函躑躅逡巡不投而去公去後多士思之不置每言及輒欷歔流涕如公可謂不負委負矣

康熙三十九年七月內閣奉　上諭各省學道原不差遣翰林官員嗣後各省學道宜將翰林官員一併差遣爾等與翰林院會議具奏時韓文懿公菼方掌院事議上略云翰林官朝夕講習文章樹立品誼猶不足以補報萬一今奉學道一併差遣之旨此固不次之鴻恩然諸臣中有操有守者固不乏人儻有一舉一動之未稱不

特一生一已之面目所關深恐負我　皇上格外擢
用之意臣愚不敢輕議差遣讀此知學政一差本非翰
林所應預　仁皇帝特破格參用之今每屆更換學
政之期偶有一二他衙門人員翰林官多以爲非分風
氣之變遷如此殊可詫也

柏靜濤相國葰清廉端正不阿肅順肅頗銜之咸豐戊午
典京兆試以失察家丁靳祥舞弊肅順竭力搆陷已未
二月十三日　特宣情有可原法難寬宥言念及此不
禁垂淚之諭遂與羅鴻繹等同棄市觀者流涕監刑者

肅順暨趙公光也趙則悲泣不勝肅則揚揚得意都人痛恨肅順始此　今上御極肅順等伏法任侍御兆堅以柏公情罪未明奏請昭雪有云承建嗣統先明楊震之忠隆慶改元即贈夏言之謚又云爾時承審之載垣等意在攬權多方羅織靳祥之口供未吐交闕之寶跡毫無附會科場妥議定案云云　諭旨通行中外欽悅

見楸生隨筆

科場一案爲御史孟傳金舉發衆皆咎其多言然嘉道已還公卿子弟幾視巍科爲故物自戊午興大獄而朱門

後起之秀始知束身安分不致妨寒畯之進身惟近三年來　兩宮吉地　先帝陵工以及　實錄玉牒諸館偶效微勞每邀　殊寵若輩多捐納閣部官洊保顯秩并不必區區甲乙科矣

戊午科場大獄中外歸咎肅順以爲用刑過嚴余旣詳之前卷矣蓋肅順素惡科目又與柏相國有隙此舉固借以行私其實愼重制科法律嚴峻亦本朝家法然也攷順治二年乙酉河南鄉試錄內稱皇叔父爲王叔父主考歐陽蒸呂雲藻俱革職交刑部治罪四年丁亥會試

同考官袁禧如擅改硃卷革職九年壬辰會試以第一
名程可則悖戾經旨　特旨除名試官秘書院學士武
陵胡統虞降三級宏文院學士大名成克鞏降一級同
考左敬祖等奪俸有差十一年甲午禮部參奏順天主
考編修吳縣范周編修江夏吳正治評閱試卷止有姓
名全無次第給諫宋牧民亦稱試錄程文種種乖謬並
奉　旨交刑部最可畏者尤莫如十四年丁酉順天江
南兩省科場大獄順天則刑科給事中任克溥奏同考
官李振鄴張我璞（時有張千李萬之謠）受科臣陸貽吉及博士蔡

元禧進士項紹芳賄中田耕鄔作霖舉人俱奉　旨七人立斬家產籍没父母兄弟妻子流徙尚陽堡餘被流徙者二十五人正考官庶子黃岡曹本榮副考官中允溧陽宋之繩失察各降五級江南則江甯書肆刊万金記傳奇不知出誰手傳聞禁中以方除一點錢去二戈指兩主考姓世祖大怒命將主考侍講遂安方猶檢討仁和錢開宗房考李上林商顯仁葉楚槐錢文燦周霖張晉朱蒞李祥光田俊民李大升龔勳郝維訓朱建寅王國禎盧鑄鼎一作錢昇雷震生俱斬戮於市厥後衡文獲咎者尚難枚

舉　聖諭煌煌從未比附輕典然則戊午一案同官
不聞連坐家屬亦未長流　聖意哀矜豈部臣所能
持柄哉
戊午北闈之獄外簾寶先肇端先是府丞蔣達以場中供
給草率擅自出闈赴園奏事奉　旨革職府尹梁同新
亦降調以吳縣尚毛昶熙代之臺長並劉碑門御史分
傳各行戶查究草率之由移咨刑部定案治中及大宛
二縣皆鐫級去比題名錄出士論譁然孟傳金遂首發
大難矣譬彼雨雪先集惟霰信然

咸豐元年御史王茂蔭奏稱　殿試　朝考務重文義嗣後請讀卷閱卷大臣不論字體工拙專取學識過人之卷進呈　欽定批明刊發使天下曉然於　朝廷所重在文不在字云云又稱遴選恩貢歲貢請令學政於當貢之年就各廩生中歷考優等最多者充貢按原奏凡五條皆甚切要不知禮部諸臣何所見而全行斥駁也

道光二十三年兩廣總督祁恭恪公頊請於鄉會試策問五道定爲五門發題曰博通史鑑曰精熟韜鈐曰製器通算曰洞知陰陽占候曰熟諳輿圖情形經禮部議駁

案是時海警初開恭恪此奏可謂識微見遠今當國諸公求才太切至欲狗屠馬販中儲邊材使節之選何如因時改制仍與儒冠儒服者議天下事也祁疏具在願有心人物色而輝光之

道光丁未會試山東孔慶瑚爲同考官孔氏宗族應迴避者數十人（按聖裔散處各省者皆依衍聖公輩行不紊昭穆故每遇孔氏子孫有主考同考之役以同宗例須迴避不論籍貫）禮部尚書祝慶蕃以爲言請復別試迴避之例　上問國家原有此例因何停止慶蕃對乾隆某科有宰相子弟迴避者　純皇帝恐臣僚與有私

眤乃停此例　上曰今年非亦有宰相子弟在迴避中耶慶蕃叩頭莫能對遂罷官

乾隆癸卯順天鄉試考官三人同考官十八人皆用翰林出身可為詞林榮幸以四書題詩題同在首場亦是科始

國初提學道多以郎中任之康熙間江浙兩省始改用翰林官以吉水李振裕視學江南太倉王掞視學浙江王時為贊善取士公明浙人有窮通翁之謠謂公所獎拔皆寒士宿學而能文者也

順治丁酉科一命南北中式者在瀛臺覆試題即爲瀛臺
賦是時每舉人一名命護軍二員持刀夾兩旁與試者
咸慄慄危懼常熟陳瀏瀆亦在列其父貢生式嘗作燕
都賦瀏瀆夙誦習因點綴成篇　欽定第一
近年廣額益增時文益濫有士之名無士之實或問取士
當柰何曰不廢時文不得眞才曰建功諸臣皆由科第
中來時文何嘗不出眞才耶曰此乃時文之不足困眞
才非眞才之能出於時文也今請廢時文而所取者曰
行曰學曰識曰才行如孝廉方正由鄉舉里選達之於

官官貢之於朝學分古今兩門古則通經術諳史事今則明經濟嫺掌故凡輿圖算術胥統諸此識如治民鞫獄理財察吏才爲文章詞令策論詩賦至於植典型懋廉隅者尤先立品以表率閭閻所謂端士習者此也見王紫詮弢園文集近年部臣往往以成法藉口不能變通若倣此取士則眞才者十可拔其六七而闒茸者十可去其八九矣

皇朝瑣屑錄卷十八終

皇朝瑣屑錄卷十九

嘉州 鍾 琦 泊農

科第三十三則

世祿之家歷代恆有而每支皆有台輔則古今不多見也國朝桐城張文端文和橋梓繼美與金江張文貞玉書長白張文敏百齡遂甯張文端鵬翮以及有明之江陵相國在元時同出一祖五房六相亦唐時杜氏之比矣按漢杜延年後分四支至唐時每房皆有宰相唐書京兆杜黃裳相憲宗襄陽杜佑相德順憲三宗佑孫悰相武宗洹水杜正倫相高宗濮陽杜暹相元宗鴻漸相代宗

滿洲西林覺羅氏自步軍統領鄂拜曾官祭酒後鄂拜姪鄂爾奇姪孫鄂容安元孫潤祥皆相繼長成均潤祥字補臣有四世司成詩卷按西林氏西林寶其姓文端公鄂爾泰貴顯時自稱西林鄂爾泰世遂以西林為文端別號矣自從龍入關重侯累相武達文通在豐沛故家中遺澤最遠第一輩福倫一等男爵鐵寶副都統兼一等男爵鄂爾泰大學士一等襄勤伯第二輩天保襲一等男烏金內閣學士禮部侍郎鄂實副都統征葉爾羌陣亡謚果壯鄂容安進士官至兩江總督征伊犁陣亡謚剛烈第三輩鄂岳散秩大臣一等伯鄂

滓伊犁領隊大臣其餘中外一二品官不可勝紀如近
日之盛京將軍都興阿察哈爾都統三等男爵勇毅公
西淩阿江甯將軍穆騰阿皆其族也至橋門鐘鼓四世
人師祖德　君恩鑴之太學則尤簪纓世冑肩背難
望者矣
晉陸機陸雲陳陸琰陸瑜宋陸九齡九淵皆以文衡顯於
時並號二陸漢王襃晉王襃周王襃皆負夙學不如
本朝崑山徐元文同胞三兄弟得三鼎甲見熙朝新語
錢塘許氏七子登科見錢塘志兩子成龍同時爲名臣

尤千古美談也見滿漢名臣傳

嘉慶十九年甲戌　上問戸部尚書潘世恩今科會試有重赴瓊林宴者乎世恩對有壬申進士翁方綱壬申今無正科現在禮部奏請於甲戌補重宴　上體之二月十八日禮部奉　旨翁方綱賜四品銜重預恩榮宴

乾隆壬子江南闈中主司夢人送香櫞四枚是科果得兩狀元一會狀櫞元同音適符其瑞見潘文恭思補齋筆記文恭即四元之一也

每科臚唱後新進士齊赴國子監釋奠禮竣大司成置酒
堂東偏各獻酬三爵以堂中爲　御駕臨幸地故避
就東偏也
新進士釋褐於國子監祭酒司業皆坐彝倫堂行拜謁簪
花禮故事三鼎甲皆簪金花外有備用一枝爲總理監
事所攜歸乾隆辛丑長洲錢棨適占三頭於是總理監
事者爲漳浦蔡文勤公新司業則翁覃谿學士方綱也
文勤戲謂今科狀元是翁公上年所得士此花應歸翁
公學士因攜歸櫝藏之鐫銘其上並撰三元考三元喜

讌詩四律京師士大夫及四方詩人和者數百家鋟梓
爲三元詩
國朝乾隆已前凡新進士用館職例擇年少者十數人學
習 國書庶常館課及次科散館皆以淸書第甲乙翁
學士方綱散館時 上以繙繹陶潛桃花源記命題
是日午刻學士已脫稿適閶 駕出 上步自西
階至其跪所取卷閱之問姓名至再 諭曰牙拉賽音
漢語甚好也次日 御定一等一名嗣是纂修秘籍
掌握文衡靡役不與遂褒然爲北學領袖矣其受 知

遇實始此

嘉慶己未考試教習凡分教宗學者多入翰林如劉榜眼彬士鄒探花家燮杜編修堮史編修譜楊編修𡸣曾是也杜楊諸公後皆至顯秩在當時已有五鳳齊飛之目

自隋唐以科目取士而特重進士宋進士有一甲至五甲者有一舉至十五舉者元設右榜第蒙古色目人左榜第漢人明初定制三年一大比按三年一鄉試謂之大比其語不相類禮記小司徒三年則大比使天下簡閱名數財物非校士也會試總於禮部鄉試分屬各布政使其鄉試中式者稱舉人蓋即宋之鄉貢進士元

之鄉貢也　國朝因之不甚大損益康熙乾隆間開博學鴻詞科以網羅天下之才　憲皇帝又詔中外大臣各舉所知以備錄用且每遇　登極詔書無論紳士布衣以孝廉方正得膺辟薦俾見我　國家側席旁求不使俊傑湮沒耳

康熙癸未海甯陳氏匏廬宗伯邦彥文勤相國世倌同入翰林時文簡公元龍最承　寵眷臚唱日　上臨朝舉手謂文簡曰大喜汝家又添二翰林矣同列以爲至榮

禮部有修明典禮釐正文風之責故秩宗清要非儒臣有

循堂者不得竽濫其間　本朝禮部漢堂官不由科目
者僅三人一吳恭定紹詩以諸生保舉歷巡撫晉太宗
伯一葉侍郎存仁以監生洊升布政使司內用晉少宗
伯一李大司馬世傑以吏員出身嘗爲禮部侍郎近六
七十年一尚書二侍郎無不科甲中人矣
道光朝潘文恭公久居揆席而滿漢四相公其三人入詞
林時皆文恭教習門生一鶴舫相國穆彰阿一獻山相
國覺羅寶興一海帆相國卓文端公也公有詩紀盛云
翰苑由來重館師卅年往事試尋思即今黃閣三元老

可憶槐廳執卷時穆相以爲二百年來所未有
文官重賦鹿鳴重宴瓊林者屢見紀載武科雖亦有重赴
鷹揚宴之典而見之例案者僅嘉慶十五年陝西巡撫
奏朝邑武舉藺廷鸞係乾隆庚午中式現在重遇庚午
科奏乞　恩施奉　旨賞千總銜重赴鷹揚筵宴蓋儒
臣耆德林下頤年幸遇科甲重周必有故吏門生爲之
具疏乞恩賦詩紀盛故其事易於傳播若夫白頭故將
老廢田間子孫則稚不知書舊部則投戈星散即躬享
上壽再値紫光獻技之年恐伏櫪自悲亦不冀　朝廷

有此曠典而地方有司更無過而問之者宜舉報寥寥矣

嘉慶道光間有錢塘許乃固始吳其對語以許氏吳氏科第接踵而乃字其字輩尤極其盛也今則許吳二姓科名少見不加曲阜之孔任邱之邊福州之林矣

蘇郡惠元龍徵君舉鴻詞科籍吳縣半農學士則起家長洲諸生定宇先生初爲吳縣諸生後改元和籍一家祖孫父子鄉貫不同蓋居省垣及二縣同城者墳墓田廬綺交牙錯本不能爲之限斷也

國朝大學士重宴恩榮者溧陽史文靖公貽直無錫嵇文恭公璜吳縣潘文恭公世恩皆江蘇人然福澤之隆科名門第之盛惟潘文恭公爲　昭代所未有

少年科第最爲人生愜意之境杜老有句云只今年纔十六七射策君門期第一白香山登第詩云慈恩塔下題名處十七人中最少年時年二十七不甚早也寇萊公十九舉進士時太宗取人多問其年年少者往往罷遣或教公增其年公曰吾初進取可欺君耶然總不如茵台符張讀之早茵年十六張年十七同及第所謂一雙

新進士兩箇阿孩兒也商子華亮以十四舉孝廉賈蝸氏中黄以十五舉進士乃科第之至早者 國朝侯官林廷禧於道光辛卯登賢書癸巳捷南宫年才十六房批有云九歲遊庠駒齒有神童之目五年食餼鼇峯兼都講之名爲二百年來科名盛事

古今三元秖十二人唐張又新崔元翰宋孫何王曾宋庠楊寘王巖叟馮京金孟宗獻元王宗哲明商輅 國朝錢棨陳繼昌順治初有武三元王玉璧獨陳邁史繼昌人雖呼爲陳三元然其銜牌曰四元及第則 朝考亦

第一人也蓮史每試皆首列故常用之小印云生平不作第二人想又一印云古今第十三人夫以歐陽文忠與王文恪之才僅得其兩元而大魁竟失榮名豈易盡占哉

乾隆庚辰順天鄉試鄭儀部忬蔡殿撰以臺同校禮闈房所取多宿學如顧奕松馬曾魯趙光照陳彭齡年皆六十上下時人戲稱爲四皓

乾隆己卯北榜任邨邊氏同宗獲雋者六人士論以爲罕有按邊氏聚族河間已數百載阮宗南北裴眷東西其

行輩幾不可復辨已卯同捷六君亦不皆期功房從之
親惟同治丁卯鄞縣陳康祺舉浙江鄉試其弟中書君
清瑞及同祖弟壽祚同高祖弟賡年守瀾亦於是科同
登秋賦科名盛事鄉里艷稱白頭父老及見其高曾者
猶誦述門風世德也見郎潛紀聞
康熙間高郵賈國維中鄉榜時以籍貫被劾 特旨賜復
舉人會試落第又蒙 特賜殿試以一甲第三人及第
賈紀 恩詩云忽聞 御宴探花客即是孫山下第人
順治戊戌狀元孫承恩常熟人也先是承恩弟暘舉丁酉

北闈以事遣戍臚傳前一夕　章皇帝閱承恩卷其頌語有云克寬克仁止孝止慈　王音稱賞折卷見其籍貫疑與孫暘一家遣學士王熙疾馳出禁城至承恩寓面詢學士故與承恩善因語之故且曰今升天沈淵決於一言回奏當云何承恩良久慨然曰禍福命耳不可以欺君賣弟學士歎息既上馬復回顧曰得毋悔乎承恩曰雖死無悔學士疾馳去　章皇帝秉燭以待既得奏尤喜其不欺遂定爲一甲第一

本朝狀元康熙以前多補應　殿試者如壬辰鄒忠倚已

丑進士甲辰嚴我斯辛丑進士庚辰汪繹丁丑進士又甲辰榜眼李元振亦辛丑進士今補試者久不得鼎甲矣

靈石何太史思鈞乾隆乙未進士改庶吉士旋充四庫全書館分校時總裁請添派總校四員以君居首明年散館改部主事因總校故仍留庶常又明年議敘授職檢討亦詞林中一故實也相傳太史篤古劬書校讐極精審自膺總校後心力日瘁卒以疾辭職長子元烺次子道生同入制科並有文譽今靈石之何尚有掇上第官

清班蓋遺澤長矣

臨川楊中丞頀精相術乾隆甲辰成進士臚唱前一日新進士會集 乾清門外公徧相諸同年謂友人曰今科榜眼探花當是南北二邵謂餘姚邵瑛天津邵玉清第一人未見何鄉嗣見一人脫帽箕踞獨坐金缸旁公拱手賀曰龍頭在是矣亟詢姓名則會稽茹棻古香也少頃傳前十卷引 見以次唱名鼎甲皆如公言

康熙二年癸卯科江南鄉試同榜凡兩鼎甲五尚書三大學士得人最盛時典試者編修大興王勗工科給事中

茌平王曰高也

道光癸卯南海羅侍郎文俊視學浙江舉優貢六人洪給諫昌燕第一徐柳泉舍人時棟次之其四人則沈玉士孝廉熙齡章采南祭酒鋆諸葛榴生廣文壽蘐金翰皐太史鶴清也其後金中乙巳榜眼章中咸豐壬子狀元洪中丙辰探花六人之中鼎甲具焉給諫通籍後來甬上柳泉先生贈以二詩云良工心苦選青錢臚唱蟬聯十二年自昔六人誰第一果然依鉢到君邊原注南海中道光壬午探花後先持節並量材原注翰皐以丙午典試貴州采南以乙卯典試四川玉署

仙班例早開記取來年秋色到第三人又下蓬萊按優貢一科文行並取在科目中尤為華選僅僅六人鼎甲適備可謂極盛而戊午之秋給諫果典試於河南於是柳泉此詩又為後來佳話矣

本朝衣冠盛事遠軼前代然儒臣中尚無有兄弟大魁者惟武科有父子兄弟同登鼎甲實不乏人而江南泰州劉氏兄弟皆由狀元起家尤為榮遇兄名榮慶弟名國慶後皆官至總戎

兄弟同科登進士者屢見於漁洋蔽塘之紀載指不勝屈

矣莫盛於宜興儲氏康熙辛丑會元儲大文其弟郁文雄文與之同榜越五年丁未方慶善慶又以同胞兄弟同捷南宮洵稱佳話

德清蔡氏叔姪相繼魁天下（啟傳庚戌狀元　升元壬戌狀元）故升元紀恩詩有　君恩獨被臣家渥十二年中兩狀元之句制科盛事咸以為寡二少雙矣乃近時嘉定徐氏季和學士致祥中咸豐庚申會元而其胞叔頌閣學士郙越二年同治壬戌狀元及第常熟翁氏叔平侍郎同龢咸豐丙辰一甲一名越七年同治癸亥其胞姪仲淵太史曾源

亦一甲一名兩家科第之盛尤覺後來居上已按江浙鄰省交風科目往往相與比肩常熟之翁氏繼德清之蔡而起嘉定之徐則繼湖州之王而起者也乾隆乙卯科會元王以鋙狀元王以銜同胞兄弟也以銜會試第二名

康熙丁丑狀元李蟠以科場事流徙榜眼嚴虞惇以子弟中式降調探花姜宸英以科場事牽涉死於非所王新城以為鼎甲之衰無如此科見居易錄又康熙癸未狀元王式丹以江南科場事牽涉亦死不得其正榜眼趙晉以辛卯江南主試賄賂狼籍為巡撫張伯行參奏伏

法探花錢名世則以年羹堯黨　世宗憲皇帝斥爲名教罪人又乾隆乙未一甲三人亦不利狀元吳錫麟探花沈清藻皆及第後未一年即卒榜眼汪鏞以臚傳不到未受職先罰俸官編修幾三十年垂老改御史見北江詩話

乾隆戊戌會試金壇于文襄公韓城王文端公爲總裁文襄丁巳狀元文端辛巳狀元王出于門蓋師生也時于巳大拜王亦相繼入閣同考嘉定秦大成癸未狀元元和陳初哲己丑狀元休寧黃軒辛卯狀元歙縣金榜壬

辰狀元是時凡狀元在朝者無不入場而是科狀元大庾戴文節公即出金房後亦爲宰相繼兩總裁衣鉢洵盛事之希有者按兩總裁四同考六狀元中韓城而外皆籍江南可見江南狀元之多

皇朝瑣屑錄卷十九終

皇朝瑣屑錄卷二十

嘉州 鍾 琦 泊農

科第三十則

介野園少宗伯福嘗四主會試四主鄉試其他 殿廷衡文不可枚舉嘗有 恩榮宴詩云鸚鵡新班宴 御園摧頹老鶴也乘軒龍津橋上黃金榜四見門生作狀元于文襄公亦嘗贈以聯曰天下文章同軌轍門牆桃李半公卿可謂儒官榮遇宗伯後以隨扈南巡道卒先一夕有大星隕於舟前殆天上奎婁紅塵小謫來助昌明

之文運繳
乾隆三十四年己丑科　殿試　欽定前十本常熟季學錦卷列一甲第三以引　見不到降三甲末咸豐癸丑科聊城朱學篤卷列二甲第一亦以引　見不到降甲
煦齋相國英和恩福堂筆記云余三主禮闈壬午科亦定江蘇元三日山陽汪文端公欲以廣東卷易之余不可會發喘疾精神委頓進卷之期又迫遂請同事公定元卷竟將翁心存卷抑置而粤士呂龍光魁多士矣科場事非但去取有數即名次先後亦有一定其不能强也

如此按是科相國爲正總裁筆記云云是文端失元相國方引爲憾事然文端卒成名相公子同龢公孫曾源相繼大魁天下可見鬱之愈久發之愈光馳驟名場原不嫌暫時少屈也

全椒吳山尊學士鼒淵如先生妹婿也淵如先生以乾隆未榜眼及第山尊仍上計車其夫人贈行詩曰小語臨歧記可真回頭仍怕阿兄嗔看花早遲尋常事莫作蓬萊第二人山尊果以是科通籍入翰林雖大魁讓人猶未滿紅閨期望然微雲夫婿柳絮才媛艷句可流傳亦可

謂倡隨佳話矣
道光乙巳楊簡侯方伯能格與會試分校是科覆試第一
羅嘉福 殿試第一蕭錦忠 朝考第一孫鼎臣皆出
其房亦稱罕有
崑山徐侍郎秉義康熙癸丑初入詞館適其弟立齋相國
以掌院學士充教習秉義例投謁稱門生相國具疏陳
謝 特旨徐秉義無庸教習科名嘉話足與大小宋弟
不先兄並傳千古已
本朝咸同已前祖孫父子並入詞林者晉甯李因培乾隆

乙丑子翊丁丑翃嘉慶己未孫浩甲戌濱州杜堮嘉慶
辛酉子受田道光癸未孫翰甲辰翻乙未李杜皆三世
四翰林而翊翃翰翻名皆從羽翱翔蓬苑果應聯翅接
翼之祥亦奇
四世翰林者凡五家靜海勵杜訥康熙庚戌由福建同知爲直南齋
特授編修子廷儀庚辰孫宗萬辛丑曾孫守謙乾隆乙丑常
熟蔣伊康熙癸丑子廷錫癸未孫溥雍正庚戌漣康熙
己丑溥子櫄乾隆辛丑無錫秦松齡順治乙未拔松齡授檢討
後罷官康熙己未試鴻博重官檢討子道然康熙乙丑靖然壬辰道然子

蕙田乾隆丙辰蕙田子泰鈞甲戌商邱陳濂乾隆丙戌
子杲嘉慶辛酉孫焯辛未曾孫壇道光乙未長白德保
偕從兄觀保乾隆丁巳同館選德保子英和癸丑孫奎
照嘉慶甲戌奎耀辛未曾孫錫祉道光乙未
桐城張氏六代翰林爲　昭代所未有太傅文端公英康
熙丁未子少詹事廷瓚乙未文和公廷玉庚辰禮侍廷
璐戊戌閣學廷瑑雍正癸未孫檢討若潭乾隆丙辰閣
學若靄雍正癸丑閣學若澄乾隆乙丑侍講若需丁丑
曾孫少詹事曾敞辛未元孫元宰嘉慶壬戌來孫聰賢

辛酉自祖父至曾元十二人先後列侍從躋鼎貴玉堂譜裏世系蟬聯門閥之清華殆可空前絶後已

茶餘客話載山左軒轅誥以舉人官教諭將陞某府教授中己未會元改庶常散館歸班仍請改教選其初陞之缺一片青氊依然故我二十年如一夢云案春秋榜上原是虛名以爲不足重輕則誥郎狀元及第洊歷清華及予告歸來回首前塵仍是邯鄲幻境果以科第爲足貴則誥固已領袖南宮翱翔詞苑矣不得以尋常廣文例之

道光癸巳江陰季文敏公芝昌以前科鼎甲散館閱卷大臣方定卷　上忽將尚書名簽凡殿廷試卷後用彌封卷面用小紙名簽呈卷後簽始交閱卷大臣定甲乙　上親自揭遣太監持問閱卷者第一是此人否並於名上　硃筆書一魁字名下雙行書讀戴誰遺四字諸臣覆奏謂所擬首卷賦首是讀戴二字詩首是誰遺二字至是否季某臣等實不能知須與又命太監持兩名簽示大臣則皆　硃書劣字比拆封皆三等也翼日　召對有君臣一德之　諭尚書遂以丹魁名其堂

季仙九尚書以道光壬辰第三人及第癸巳甫留館即應
大考復列第三擢侍讀己亥又值大考名單出則仍第
三也擢少詹事具摺入謝 召見諭曰汝卷本定第
一朕不知如何移置第三然第一不若第三巧合上交
名數因 大笑故尚書紀 恩詩有九重知己過言
逮三度同符盛事傳之句按尚書名芝昌字仙九蓋取仙芝九莖之義 殿廷三試三列前茅遂躋華顯適符三三成九之數唐人詩官階科第皆前定其不然歟
嘉慶己未高郵王引之秀水錢昌齡汾陽曹汝淵同入翰
林是三家皆三世翰林矣科第清門衣冠盛事王定保

摭言未有也

康熙朝鴻詞科凡年老試不入格者吏部爲裁量注官惟容城杜越太原傅山　聖祖命加中書舍人時人歎爲美授

吳文節公文鎔督學中州時祥符劉氏同胞四人同案充學官弟子後皆成進士亦佳話也

嘉慶以前會試總裁多一正兩副咸豐以前順天主考或兩正兩副或一正兩副自嘉慶己未科後春闈同治甲子科後京兆闈無不一正三副此亦科場故實所當知

者
乾隆間南昌涂侍郎逢震以一甲第二人及第由編修充
宣諭化導使未散館授中允歷侍讀署學士充講官直
上齋擢內閣學士升工部侍郎自釋褐至卿貳才兩
載耳儒臣遭遇之隆莫與爲比蔣心餘太史作公墓誌
稱其生有異稟內行純密通達政體曲盡人情 先
朝不次之恩蓋有自來矣
康熙朝翔開大科時秀水朱彝尊無錫嚴繩孫富平李因
篤吳江潘耒皆以白士入史館世稱四大布衣

嘉慶戊辰會試山東年老諸生　恩賜舉人王服經中
式年八十有五總裁富陽董文恭公揭曉日復　命
面奏　天語褒嘉有比梁灝大三歲之譽　殿試改
庶吉士　特旨授職還籍異數也又孟椿山齒最高
亦籍山東年亦八十　朝殿三試以書不入格屢落人
後得　旨歸進士本班用銓選一官河清難俟遂改
授教職歸矣按是科君不中式例可邀　恩入翰林
今轉爲名列榜上所誤惜無愛惜人才敬禮耆學如文
恭者爲之一達　天聽也

進士鮮有至六十年者康熙己未進士至乾隆己未猶在而得與後輩稱前後同年者有兩人焉一為益都趙贊善秋谷一為黃岡王僉都西澗時西澗年八十有七而秋谷亦年將八十矣王重聽趙失明兩公耳目各廢其一而皆不廢吟咏云

朱石君先生每握文衡必合觀經策以精博求士乾隆丙午典試江南一榜多名士宿學嘉定李許齋方伯賡芸以第二人中式儀徵阮文達公以第八人中式尤為先生所奇賞庚戌先生總裁會試會元既定擬之曰此必

江南李許齋及拆封自第六人始見方伯名大嗟訝繼拆第一人乃歙朱蒼楣文翰朱亦以經史爲根柢兼工漢晉古文與方伯齊譽者也前輩鑒別之精如此

歙淩次仲教授廷堪少長習賈常爲人所紿母王使從事於學博通經史尤精三禮及推步之學顧生平不好八股文未嘗輒作入都謁翁覃溪先生奇其才强之習舉業遂以乾隆己酉庚戌兩榜成進士盞通經志古之彥苟欲以科第自娛辟如池魚闌豕取以供客可立而待可哎而僥也觀於教授益信

軍興以來被兵諸省停舉鄉試自甲子乙丑後始漸次補
行或曰上元啟運文明大開故自戊辰至丁丑五科狀
元其名適與五行巧合戊辰第一人洪鈞名在金字部
辛未梁耀樞在木字部甲戌陸潤庠在水字部丙子曹
鴻勳在火字部丁丑王仁堪在土字部珠聯璧合名應
文昌非偶然也余謂姓名相同甚多科目得人始重古
來帝王姓氏上應圖讖如漢號卯金晉稱典午以及劉
秀李淵之先兆大抵皆事後附會之說況區區三百人
中冠冕乎相業如王文正忠節如文信國狀元亦自足

貴彼秦檜吳拜莫儔留夢炎適足有辱巍科上第願洪
粱諸君勉自樹立俾他日留此一段佳話耳
幼讀全謝山先生祖望鮚埼亭集知先生舉乾隆丙辰博
學鴻詞有齮之者謂曾入翰林不得與試後考鶴徵錄
等書丙辰徵士二百六十七人早官翰林者不一而足
郎　欽取一二等中諸錦周長發程恂皆庶吉士補
試之張漢且檢討而正試一等第四之于振且雍正元
年狀元授職修撰者也何獨於先生而尼之後閱館選
錄始知諸錦諸人已改他官不在文學侍從之列故得

觀光大典時諸已改教授于改行人周改教諭程改員
外郎張改知府已去官先生適丙辰通籍試鴻博時正
新爲詞臣擯不與試其意則私而其論則公也
康熙己未以鴻博科入詞苑者江南二十六人浙江十三
人順天直隸六人江西二人山東河南陝西各一人乾
隆丙辰再舉是科浙江取七人江南六人山東江西各
一人丁巳補試江南浙江福建雲南各用一人辛未保
舉經學授官者江南三人山西一人前後三舉特科湖
南湖北廣東廣西四川貴州甘肅及滿洲蒙古皆無一

人預曠典受　殊恩者
乾隆間粵東諸生謝啟祚年九十八猶入秋闈以年例當
早邀　恩賜大吏每列其名輒力卻之曰科名定分
也老手未頹安見此生不爲耆儒一吐氣丙午鄉試果
中式謝戲作老女出嫁詩云行年九十八出嫁不勝羞
照鏡花生靨持梳雪滿頭自知眞處子人號老風流寄
語靑春女休誇早好逑時同榜有十二齡童子撫君某
鹿鳴宴紀盛詩有老人南極天邊見童子春風坐上來
一時傳爲佳話明年應會試　特恩授司業銜又三年

恭祝純皇帝八旬萬壽晉秩鴻臚卿灝行賜詩額以寵之又十數年卒蓋壽近百二十歲矣有見其硃卷履歷者先後三娶二媵舉十三男十二女孫二十九人曾孫三十八人元孫二人此君非特登科年齒之高當爲本朝第一即家門鼎盛子孫衆多恐亦罕與比儷也德清俞氏印雪軒隨筆亦載之

本朝科第世家如祖孫會狀父子鼎甲王漁洋載戴菔塘載之綦詳余謂莫奇於鎮洋汪廷璵乾隆戊辰探花子學金辛丑探花儀徵陳嘉樹道光壬辰傳臚子彛同治壬

戊傳臚可謂無獨有偶陳氏父子會試皆中第一百二十五名尤奇

康熙已未宣城施愚山先生以監司膺薦重入長安其寓邸寄雲樓下老梅四月間忽開四花比鴻博　詔下先生與同寓高詠俱入翰林其南鄰孫卓會試以第二人及第茆薦馨一甲第三四君本同里遂應四花之兆

石琢堂殿撰未遇時游澄江客有習扶鸞術者叩之連作三魁字其後鄉試第十三會試第十四殿試第一皆如左券殿撰獨學廬詩有而今始識榮枯事早定男兒墮

地時之句卽指此也按扶鸞幻術什九虛無非士大夫所宜崇信殿撰詠此蓋以科名前定富貴天生亦足使營營擾擾之徒各安義命庶不至紛爭冀倖喪其故吾爾

武進莊方耕少宗伯存與以乾隆乙丑第二人及第其弟培因賦詩賀之云他年令弟魁天下始信人間有宋祁後果中甲戌狀元此雖家衙美談科場佳讖第元魁鼎甲權不自操雖曠代奇才豈能預以第一人爲息壤昔汪容甫致稚存太史書亦有狀元大物留待拙兄之語

容甫才豈出學士下而終身蹭蹬未踐斯言況汪猶施之友朋莊則傲之兄長骨肉至親至以科名高下相睥睨適見其器小矣

皇朝瑣屑錄卷二十終

皇朝瑣屑錄卷二十一

嘉州 鍾 琦 泊農

兵制二十五則

國家以神武定天下置八旗禁旅步兵教隊騎兵教陣而步與騎皆先以旗教白旗鼓聲動朱旗角聲動散則法天聚則法地然後隊與隊熟而合之於總總與總熟而合之於哨哨與哨熟而合之於營且有室廬以給其生有莊田以永其業有丁夫以均其勞迺兵制誠云備矣然直省綠營兵猶不無遺議焉平素逍遥河上醉飽市

中遠無適戍之苦近無帶甲之勞一旦有警非止費財
玩寇尚有不戢自焚之災故髮賊跳梁以來大帥惟招
募練團不願調遣綠營兵似此有兵之名無兵之實國
家亦安藉此爲哉是無他由於不習勤故也

國家 龍興之初建旗分隊用飭戎行厥後歸附既眾
即按行軍旗色以定戶籍設官以養且教而兵寓其中
始立四旗重爲八旗合滿洲蒙古漢軍爲二十四旗制
度備焉凡八旗序次曰鑲黃曰正黃曰正白爲上三旗
曰正紅曰鑲白曰鑲紅曰正藍曰鑲藍爲下五旗行軍

蒐狩以鑲黃正白鑲白正藍四旗居左為左翼正黃正
紅鑲紅鑲藍四旗居右為右翼至於八旗方位左翼自
北而東自東而南鑲黃旗在安定門內正白旗在東直
門內鑲白旗在朝陽門內正藍旗在崇文門內右翼自
北而西自西而南正黃旗在德勝門內正紅旗在西直
門內鑲紅旗在阜成門內鑲藍旗在宣武門內居則環
衛周防出則折衝禦侮臂指之使磐石之固誠祥開百
代垂治萬年者矣

凡　大閱　皇帝躬環甲冑御櫜鞬登臺視操八旗

將領集教場結陣肅聽運令除文員不計外八旗各營將領四十九人官校一千三百六十九人左右翊衛侍衛六百六十人鑾儀衛所屬冠軍使雲麾使治儀正整儀尉等一百三十人及旗尉四百一十四人民尉一千九百十六人豹尾兵六百人均不在類算共兵一萬九千五百七十二人此外有舁鹿角棉甲兵六百人引繩棉甲兵二百人執纛驍騎三百八十人畫角軍百五十人鳴角軍二百人擊鼓吹螺掌金者四百八十人亦不在類算自立營處至閱武臺相去四百十有二丈五尺若八旗平時演習歲以春月分操於本旗教場二次合操於鑲黃正黃二旗教場一次秋月豫奏操期會八旗諸營大操於仰善窪二次其大操隊伍號令

及官軍旗纛器械之數均如　大閱定制見會典
定例內務府上三旗之制所設護軍營除統領叅領護軍
校一百五十六員外計兵千有六十五人前鋒營除叅
領前鋒校十八員外計兵百十有四人驍騎營除叅領
佐領驍騎校三百六十員外（連領催官在內算）計兵五千二百
五十人均隸於內務府總管由都虞司掌其升遷僉補
凡訓練歲以春秋二季由該管官督率操演見　皇
朝通志
定例蒙古部落軍紀一旗戰卻一旗力戰戰卻旗內分一

佐領人丁給力戰之旗各旗皆戰一旗戰卻一旗之王貝等皆降爲庶人所屬佐領盡數徹出散給各旗之力戰者著一旗之中力戰者半戰卻者半王貝等降爲庶人所屬佐領盡給本旗之力戰者著各旗未及整備而一旗獨先衝鋒殪敵按功之大小獲之多寡分别賞給見蒙古內屬述略

定例臨陣接戰聽金鼓以爲進止毋卻顧毋耳聽毋離隊而尾人後毋棄伍而入别行毋違指授而誤事機毋倡邪說而搖眾志近來軍營倡邪說者最多如賊未來則訛已至賊本弱則言甚强賊由此路竄

則言由彼路抄憑空捏惑軍心而將校亦不嚴究 軍中毋疾馳涉險毋嗟怨擊敵必奮勇前驅毋畏葸退避近來不奮揚武威者受病在此毋縱寇遠颺敵人奔潰選精騎追之將領率大兵嚴於後以禦伏兵毋貪取輜重而亂行伍毋妄殺鄉愚以報戰功有不用命者戮以徇衆 朝廷律令無不美善但須匯跳梁予襄勞局務所見綠營官軍往來二三萬人多不遵律令者所報勝仗半屬以無為有以敗為功甚至喝雉呼盧挾妓縱飲以致賊勢愈張民心愈恐耳

國朝行軍律令將帥禀 廟謨作士氣度虛實審機宜

毋偷安毋喜功毋玩寇毋養奸毋信讒言毋虐士卒毋私用僉壬毋掊克糗糧毋逞欲殺降毋老師糜餉毋輕進以挫先聲毋僥倖以失機要毋避難而阻撓毋嫉功而傾軋凡悖違矯誣干　成憲以自取戾者刑茲毋赦

見兵部中樞政考

定例將校率士卒出征備甲冑礪兵刃整槍礮峙糗糧鎧仗書名馬駝烙印振旅以進視旗纛爲行列毋越伍毋離次毋擁擠喧譁毋游騎馳驟毋追射禽獸軍過毋騷擾毋踐踏毋掠貨財毋毀民居毋姦婦女駐營時帳各

出一人以旋見藍旗出則取薪見黑旗出則取水毋擅
出入議軍機毋竊聽宣洩傳軍令毋增減要言毋私語
歛望毋煽惑流言毋疑鬼疑神毋醉臥地毋行竊逋逃
毋拾遺私匿毋溺情怠惰而違使令毋不戒於火以致
燎原遇夜警則設備制敵毋倉皇駭亂夢寐毋驚呼偵
諜毋妄報守哨毋偷安馬駝牲畜牧養如法毋縱蹂躪
毋汙水泉毋遺忘軍械毋狼戾糗糧違者視其所犯輕
重以行軍法將校論罰有差見兵部中樞政考按定例
如此嚴密但髮逆跳梁以來將校侵吞軍糈使健兒短

氣又恐諸軍怨恨則濫設駐防賠償所欲士卒遂於鄉村肆行騷擾而將校置若罔聞有折房供爨者有割禾代芻者有捉市人為僕役者有淫良家為嬉笑者是兵受將之害而民又受兵之害也所以民視兵如賊反有怨詞即從賊拒兵亦無愧色噫似此行師無紓目前之患以此靖國反生意外之虞矣

定例陣亡官䘏賞視官階為差等提督八百兩次總兵次副將次參將次游擊各遞減百兩都司二百五十兩次守備次守禦所千總次衛千總次營千總次把總各遞

減五十兩外委官視把總綠旗馬兵七十兩步兵五十兩土兵減步兵之半臨陣受傷者一等傷三十兩遞減至五等毎等減五兩八旗兵一等傷五十兩遞減至五等每等減十兩傷至殘廢者照陣亡例減半與綠旗兵異出征病故者未定數量予䘏賞而已近日本仿西例盡變成法凡士卒[illegible]亡由官按月給其父母妻帑洋銀十元子女由官養[illegible]六歲止不惜國帑與同甘苦所以士卒赴湯蹈火[illegible]衝鋒而不辭又操演認眞步伐整齊立一營必得一[illegible]之實濟募一兵必收一兵之實用蕞爾島夷向無狐[illegible]家突之心近有虎視鷹瞵之[illegible]也

定例直省武官有養廉名糧提督八十名總兵六十名副將三十名參將二十名游擊十有五名都司十名守備

八名千總五名把總四名均以馬步各半支領按馬兵、月餉一兩五錢步兵月餉一兩二錢以馬步各半計之每名實銀一兩三錢五分提督養廉八十名歲得銀一千三百八十兩總兵歲得九百七十二兩副將歲得四百八十六兩參將歲得二百七十兩游擊歲得二百四十三兩都司歲得一百六十二兩守備歲得一百二十九兩六錢千總歲得八十一兩把總歲得六十四兩八錢外委給步糧一名歲得十四兩四錢見大清會典按管子云倉廩實而知禮節衣食足而知榮辱天下人未有啼飢號寒、而能竭力報國者。故歐洲定制選舉文武員，雖末秩至於埠頭奔走輩，除厚給俸錢外，復有公費以資應酬，事無陋規，物無官價。即下役每月工貲亦數十金，餘可概見。況不惟養廉之款較中國為倍優，即課吏之條亦較中國為倍肅。中國建官設祿，正俸外亦有養廉，無如七扣八折，僅得戔戔，所入不敷所出，豈能見利思義？是以文則逞狐鼠之奸，剝吸良善；武則肆饕餮之技，剋減軍糧。探其原，實由支用不給，極其弊，遂至滋毒無窮，恐非古帝王重祿勸士之本意矣。

國初錢糧每歲入數一千四百八十五萬九千兩有奇出數一千五百七十三萬四千兩有奇不敷銀八十七萬五千兩有奇其中各省兵餉一年該銀一千三百餘萬名款經費不過二百餘萬是國家財賦盡銷耗於兵餉矣見御史福長具疏

工部設濯靈廠委官監造火藥　特命大臣督理廠設石碾二百盤每盤置火藥三十斤爲一臺每臺碾三日者以備軍需碾一日者以備操演豫貯軍需火藥以三十萬斤爲率

定例標營軍器以都守爲專管官以副參游爲兼管官遇
有動用修補估價詳報給公款治備歲終彙送布政使
司覈銷
直省考拔營兵以人材强壯技藝優嫻者充補騎兵拔於
戰兵戰兵拔於守兵守兵拔於餘丁無餘丁則募於民
令五人聯名具保凡虛冒及容姦離伍者論如法
國初有提鎮總兵有鎮守總兵皆稱曰軍門委司道委府
縣遣兵調將一聽其指揮洪承疇經略刊布條約提督
及總兵不許擅稱軍門

提督有節制各鎮之權而總兵有操縱一鎮之責是以定制提鎮相會用賓主禮文移往來一切平行益重總兵即所以輔提督也自軍興以來提督出巡所到總兵挂刀謁見於定制不符

設長江水師自同治元年始上自荊湘下訖海澨以南北論之則天塹之險也以東西計之又建瓴之勢也而提督據其要害一旦有警無腹背受敵之虞計設兵一萬二千餘人戰艦七百七十四號每月需餉五萬有奇

湘軍始於咸豐二年淮軍始於同治元年其營制爲曾文

正手定而李伯相遵守之蕭曹繼興蘄若畫一每五百人爲一營設營官一每營分立前後左右四哨每哨設哨官一營官有親兵有什長其親兵分六隊每隊設什長一名率親兵十名伙勇一名計六隊凡七十二人哨官有哨長一名有護勇五名其外有什長有正勇有伙勇其正勇一哨分八隊每隊什長一名伙勇一名其擡鎗隊正勇十二名合什長伙勇爲十四名其刀矛小鎗隊正勇十名合什長伙勇爲十二名每哨合哨官哨長護勇爲一百八人四哨共四百三十二人合之營官親

兵爲五百四人隊官在外其聯伍之制親兵六隊則一隊劈山砲二隊刀矛三隊劈山砲四隊刀矛五隊小鎗六隊刀矛每哨八隊則擡鎗爲第一隊刀矛爲第二隊小鎗爲第三隊刀矛爲第四隊擡鎗爲第五隊刀矛爲第六隊小鎗爲七隊刀矛爲八隊總計一營劈山砲兩隊擡鎗八隊小鎗九隊刀矛十九隊共爲三十八隊其搬運一切猶有長夫每營營官及幫辦八員共用長夫四十八名搬運子藥火繩及一切軍裝等項共用長夫三十名營官親兵隊每劈山砲隊用長夫三名刀矛小

鎗隊用長夫二名計六隊用長夫十四名如拔營遠行營官另撥公夫幫擡劈山砲哨官哨長及護勇五人共用長夫四名四哨共夫十六名其哨隊每擡鎗隊用長夫三名每刀矛小鎗隊用長夫二名計四哨擡鎗八隊用長夫二十四名刀矛小鎗隊用長夫二十四名共長夫四十八名總計一營用長夫一百八十名大率百人用長夫三十六名合之營哨官員各勇人等共六百八十五人是爲正額或十營設統領一員或數十營設統領一員或數營設一統領無定制至同治四年北征捻

遊於是又添設馬隊營其制則每營營官一員幫辦一員字識一名一營立前後左右中五哨其前後左右四哨各設正哨官一員副哨官一員中哨即以營官爲正哨官外立副哨官二員每哨馬勇五十名散勇五棚每十人爲一棚每棚什長一名散勇九名一營共營官一員正哨官四員副哨官六員馬勇二百五十名什長二十五名散勇二百二十五名營官及副哨幫辦字識等共用伙夫二名四哨之正副哨官共用伙夫四名每棚用伙夫一名共二十五棚爲二十五人又一營長夫五

十名通計用夫八十一名合之營哨官員幫辦字識各勇人等共五百九十二人其馬數則營官四匹幫辦一匹字識一匹正副哨各二匹什長及馬勇各一匹共為馬二百七十六匹搬運鍋帳子藥則每哨雇用大車一輛共車五輛又每營百馬之內準報倒斃三十六匹如數換領以資彌補此其大較也自李伯相奏設鐵廠機器局一切軍械皆仿西洋製造遂改劈山砲隊為開花炮隊擡鎗小槍隊為洋鎗隊從此火器之利與西人共之自閩省奏設船政局剏造輪船從此江海之利亦與

西人共之

定例汎地居民失事者槩歸陸營開叅行泊船隻失事者卽歸水師開叅

定例長江水師原奏十五條兵部復議水師缺出不得攙用別項水師人員見曾文正具疏是長江用人之法必須長江水師人員方可補用也近年各處大員薦引往往犯罪革斥者在水師中承充將來必盡雜出不倫而營制不可問矣

定例巡閱儀節沿途迎接並無施放大礮之說近年合隊

排列大礮如對壘交轟是但知徒壯聲威而不顧虛靡
火藥矣
定例水師以使船爲第一放礮次之不許操弓箭者恐借
此肄習弓箭之名即開登岸陸居之漸也見彭玉麟尚
書員疏
京師內外城上共貯礮千九百三十七位每季秋配一百
位運蘆溝橋演放白塔山設信礮五有警則鳴之
滿洲蒙古營之有火器始於康熙前鋒營之有健銳始於
乾隆圓明園之有護軍始於雍正見聖武記

四川提督舊駐雅州控制夷人其暫劄成都自岳鍾琪始後遂沿以爲例案省標兵卒華衣美食不習邊徼之荒涼亦無益於邊徼之禦侮今英人闚闖甯遠等處應將提督移設於魚通雅州之間以資扼要非當道計不及此緣宦場惡習有巧於卸肩者假詳愼之名以行推諉之實抑有異於任事者飾持重之文以蹈委靡之弊往往當爲而不爲者多多矣係予吟香書屋筆記摘錄

皇朝瑣屑錄卷二十一終

皇朝瑣屑錄卷二十二

嘉州 鍾琦 泊農

兵制三十三則

咸豐十年八月初六日 上諭各州縣地方士庶或率領鄉勇齊心助戰或整飭團練阻截路途無論員弁兵民等如有能斬黑夷首一級者賞銀五十兩有能斬白夷首一級者賞銀一百兩有能擒著名夷首一人者賞銀五百兩有能焚搶夷船一隻者賞銀五千兩所得貨財全行充賞銀若當時諸臣不主和議能如睿謨鼓舞臣

民芟薙則蠢兹狂悖如撥魚于釜而鹽其腦矣
嘉慶戊寅閩有海濱小盜船竊發兵船大而不能徧搜阮
文達撫閩謂此等如蝗有螭尤宜撲滅遂雇民船配弁
兵扮作客商專走淺河小港誘緝小匪從此盜絶有因
無盜而議撤者公曰養貓所以捕鼠若無鼠而不養則
鼠又出矣此喻最確
江督曾公國藩奏武職各員大銜借補小缺前經奏准嗣
經部駁此次奏補長江水師各缺甚至以提鎮之銜而
借補千把之缺以入營之資格極久列保之次數較多

而家中貧寒如故情願一小缺爲終身衣食之資統計各省軍營保至武職三品以上者不下數萬人將來軍事大定各路撤兵此等有階無缺之員難保不滋生事端同治三年沈葆楨請安置此項人員自提鎭至都守照實缺例給予俸銀米石　飭下臣議臣以糜費太鉅未經議准或每年將借補者酌補六七成序補者酌補三四成截至同治二十七年止此後仍按班序補云云

見同治七年三月京抄

北塘爲海濱重鎭自前明以迄我　朝魚鹽舟楫之利稱

富饒焉向有礮臺舊址嘉道間重建咸豐初僧邸加意嚴防又將三礮臺修築堅固至直隸練兵於保定正定遵化宣化古北河間曰六軍軍各二千五百人部中於京餉外復立固本名目由直隸按月請領此劉制軍長佑所奏辦也起初本屬法良意美後改定章而練兵又成虛設故戶部統籌財用源流一疏有云同治六年七月梟匪乘機竊發以百數十揭竿之眾橫行五六郡擾及近畿所謂六軍者既未能先事預防以杜亂萌並未能一矢加遺以挫凶鋒又各路自雕木質鈐記直行赴部領帑者十羊九牧不

知節制無益於事臣等深惜云云夫不練勇而練兵誠
善舉也惟行伍廢弛已久非旦夕所能有功八年　朝
廷特調曾文正到任從新整頓十年李傅相督師天津
見北塘據上游形勝與大沽並重奏改遵化一軍移紮
北塘海口易名通永
國朝霜降日營員馬步兵祭旗纛神史記正義曰黄帝伏
蚩尤後天下復亂畫蚩尤形象以威天下此旗畫蚩尤
之始也孔安國曰蚩尤其精應於天爲蚩尤旗柳宗元
謂爲兵主故有祭纛文是旗纛之祀其來久矣

軍興以來營官由統領挑選哨弁由營官挑選什長由哨弁挑選勇丁由什長挑選譬之木焉統領如根由根而生幹生枝生葉皆一氣所貫通是以糧餉雖出自公款而勇丁感營官挑選之意皆若受其私惠平日既有恩誼相孚臨陣自能患難相顧也又各營兵皆有冒名頂替之弊蓋營兵因口分不足以自給每以小貿易小技藝以補事蓄之資各省大率如此惟直隸六軍以此處之兵調至他處訓練其糧餉二兩四錢在練營支領其底餉一兩五錢仍在本營支領兵丁不願離鄉往往正

身仍留本處特於練營左右僱人頂替應點應操少分練軍所加之餉給與受僱冒名之人倘有事調使遠征受僱者又不肯行別又轉僱貧窮乞丐以代往兵止一名人已三變練兵十人替者過半尚妄望其得力耶縱然整頓亦難遽化弱爲强將欲倚爲干城備禦賊寇殊無把握云云見曾大臣奏稿

國朝除練勇外查京師暨各省防兵二十萬餘人各省綠營兵六十六萬一千六百餘人按馬兵月餉一兩五錢步兵一兩二錢守兵僅一兩非特無以贍家且無以餬

口故多老弱無賴之輩鮮精强克敵之夫也

查各國兵數從無以少報多惟中國不然有七折六折者且營官利慾薰心凡軍裝旗幟層層剝削節節扣除士卒所得無幾如行懸崖峭壁間當雲霧濛濛路徑險滑而無芒鞋草履者往往乘間私逃安能望其赴湯蹈火陷堅殪敵耶

中國所購利器大帥不惜價而買之惟營員所用之人眼力手法並未操練純熟而技藝生疏亦與無利器同蓋所募新勇遽授以利器即令對壘轟擊不能命中及遠

且倉猝中竟有子不對藥槍不配彈者非將營員嚴懲
而臨敵誤軍不淺矣見從堂兄笛溪大令隨營雜記
同治間淮軍楚勇凡守隘者多購歐洲後膛機器礮蓋以
油布間有七八年營員從未磨洗者（磨洗忌用油沙）其中汗積
銹生而有炸裂之虞也見鄭陶齋盛世危言
國家自殄滅髮捻後承平恬嬉水陸弛懈雖有可用之兵
並未訓練亦有可募之勇又無紀律是猶不識藥性醫
方而責以療病切脈不習規矩律呂而責以製器和音
豈能膚功奏效歟子閱邸抄見吳巡撫之軍政何以異

於是光緒二十年夏五月日人跳梁我師敗績湖南吳巡撫有才略性謙惇而矜誇具疏自請剿賊奉　旨飭其幫辦軍務所出告示有本大臣堂堂之陣正正之旗能進不能退能勝不能敗所慮爾日人遇此勁旅猛將逃生無路本大臣不忍玉石俱焚惟見所設投誠免死牌即繳槍刀屈膝拱手乞命遂不誅殺若執迷不悟與本大臣交鋒試看精兵利器方驗所言不虛迨至三戰三北之時本大臣自有七擒七縱之計云云廿一年正月廿六日約萬帥同出師距陣未列聞礮火殷天長

句之旌旗已亂申池之竹木先焚各營驚愕披靡而吳巡撫亦奔潰反將宋帥坐馬衝倒爲敵所乘以致營口淪陷士卒顛崖墜壑者枕相籍所有投誠牌全送倭人以貽笑柄按吳巡撫統率湘勇三十營諸多新募一未訓練二無紀律第循校閱虛文竟飭其臨陣對壘毋怪乎烏驚獸駭矣夫未事而論軍旅人人有韜略也既事而談經濟人人有猷爲也及遣大投鞭出乖露醜如中丞者尤多多

光緒二十年夏五月日人吞噬高麗以迄於廿一年正月

犯旅順交鋒接戰共計十七次據洋報核算我軍死者
六千六百六十人傷者九千六百人擄去者一千一百
六十四人日軍死者四百十三人傷者一千七百十二
人揆厥所由淮軍楚勇全不講訓練紀律耳言操言技
竟屬空談索餉索糧刻無寧晷提鎮以紈袴充當叅游
以子弟虛應人見其披甲蒙冑實無異赤身露頂之夫
人見其奮劍鳴弓實無殊執梃持竿之衆平居則殘人
耗費臨敵則落魄驚魂勢失連鷄未鳴振地之鼓險窮
鋌鹿自倒拂天之旌且賞罰惟論親疏勸懲不分良莠

逃陣者反邀顯秩喪師者誰譬常刑棄城者或暫貶而即遷衝鋒者或候保而依舊且有病故當除而不除則未除以後之軍糈俱填哨官之谿壑又有補募當收而不收則未收以前之國帑盡入營員之囊槖相沿已久積弊已深其牢固在於朦上箝下之統領而其過總歸於養癰忍蠹之大僚再不將兵制隨時變通急謀整頓惟循其積習守其粃章醉飽林中如衛人平陳之旅逍遙河上似高克禦狄之師以此益兵但招其損耳以此靖國適資其亂耳

純皇帝馭將賞固信則罰亦嚴金川之役誅經略訥親張廣泗伊犁之役逮將軍策楞玉保達爾黨阿哈達哈誅將軍馬爾賽蒙古王額林沁及青滾雜卜回部之役誅將軍雅可哈善參贊哈甯阿都統順德納提督馬得勝烏什之役誅參贊納世通辦事大臣卞塔海緬甸之役誅大學士經略楊應琚提督李時升參贊額爾登額蘭州之役誅總督勒爾謹布政使王廷贊王亶望賞不遺賤而罰不貴貴故能使將士戮力用命及四十年以後始日事寬大故臺灣逆撓之恆瑞任承恩黃仕簡石峯

堡安南貽誤之李侍堯孫士毅襄陽失律之永保皆逮擬重辟卒免其首領然未有罪而不上聞者也見聖武記近年聖恩寬大凡統兵諸臣之奏報誰肯自言畏縮自言敗衄往往粉飾遷就以掩罪冒功爲常情所以不能宣威耀武然誤國殃民莫此爲甚案光緒二十年秋倭人犯境刼去大礮六百零七尊洋槍九千六百枝砲彈二百八十萬三千七百顆槍子七千七百四十五萬八千七百八十萬粒米二萬四千九百五十七石馬六百五十八匹此外金銀錢布及水雷火藥無算至於鎮甲鋼甲帶甲諸大船非擊沉於海即投降於倭是以北洋海面數千里不復見帆影輪聲而反奏殺賊若千傷賊若干嗟乎閫邸鈔至此能不痛恨於欺君之庸臣及敗軍之懦將哉草莽下士不能叩 帝閽而達之惟有著杜牧之罪言效郇模之痛哭而已

余步雲嘉慶初應募充勇平教匪裹創陷陣亦有驍將風

歷官浙江提督加太子少保道光壬寅英夷淪陷鎮海
甯波余臨陣脫逃奉　旨拿問處决夫人臣爲將當
如馬伏波之以革裹屍否則李淮臨靴中之刀可以遂
志而乃脫逃以迄於死死於法不死於戰爲此公惜也
同治間邸鈔欽差大臣僧格林沁於皖省擒獲賊酋遂派
翼長舒通額蘇克金分路查寨以淨根株又委宿州知
州張吉雲州判吳壎同往以期安撫民心乃吳壎並不
隨行復縱勇在陳家圩搶擄焚淫剝脫男婦衣物以致
居民盡成赤身裸體且拘圍保需索錢文旋有練總蔣

新稟控吳壎在案又據陳繼曾具訴岳發年覇去伊妻僧公當交吳壎辦理而吳壎親供亦借逃罰曾得錢二百五十千收過錢三十三千留作署中幕友差役之費官場侵吞往往捏造名目至陳繼曾具訴岳發年强占伊妻查岳發年詐錢二十一千並未到手其釋放之處自認不虛等語僧公緝獲岳發年訊明斬梟請 旨將五品銜州判吳壎即在軍前正法以示懲儆而昭炯戒不然非所以靖寇而安民適所以害民而長寇也

光緒二十年八月十八日總兵方伯謙統率水勇在大連

灣聞倭人逼近急欲遁逃將揚威鋼船此船購自德國去價五十萬兩撞沉詭稱交鋒殺斃千百賊奪獲八九艦其後大隊至潰圍而出經提督丁汝昌查實極憤懣委員監管請李傅相據情具疏其部下知非佳兆以後事問之方憒憒尚言降革而已一保再保依然大都督二十九日奉

上諭就地正法按創設海軍以來未斬一弁一卒今誅總兵官踐儒者稍驚心欺誑者稍斂跡也

朝邑閻丹初中丞敬銘跋胡文忠集云吾聞江南未敗時和鄧諸帥錦衣玉食倡優詞舞其廝養皆賤紈絝吸洋

烟莫不志溺氣惰賊氛突至如菌受斧然則固有履危險而仍不知懼者如文忠能幾人哉等語痛揭軍國受病之由近日武弁積習大率類是

國朝　聖武遠揚　天威震疊者緣本兵制有紀律有訓練用能建生民以來未有之豐功偉烈矣自髮逆破金陵楚豫淪陷四五江皖淪陷六七艮由新募勇丁紀律不習訓練不精故膽力不壯心志不齊遇賊則鶴唳魚驚狼奔鼠竄耳況兵制莫大於賞罰賞及無功不足以勸罰失有罪不足以懲自逃遁之文武留營効力

以圖開復紈袴之子弟拜門備贄以圖保舉足未履夫山川耳未聞夫金鼓獲刀二三柄斬首四五級而幕府獻捷矣大帥邀獎矣依草附木牽藤引蔓者列於剡薦中其間有奮勇之武士諸多淹滯因限於下位敢怒而不敢言於是乎陽爲整頓陰生觀望無裨防剿之資反增煽惑之虞也張船山詩云民窮轉覺軍前好寇過惟從壁上觀山中城破官仍在閫外兵譁將不聞大賈隨營緣戰富連村無寇是誰焚能文未易參軍事有口都能說戰功不明賞罰終何益眞舉賢能尙未遲噫當今

軍務如是何能奠疆域安人民而舒　宵旰之殷憂哉
同治壬戌香港電報俄英法普墺意各國鑄礮造船工匠
推鑿殆無虛日案歐洲情形有如春秋戰國俄則秦也英則楚也法則齊也普墺意則韓趙魏
也李傳相亦奏請鑄礮總督沈寶楨奏請造船務其大者遠者
言官上章謂其耗費駁斥之務其細者近者案當今時政事事
效法歐洲用夷變夏此武靈胡服伊川野祭之兆固屬
不宜至於鑄礮造船乃兵制中之要物若以此爲耗費
者必是雙瞳如豆一葉遮山之腐儒也
定例大礮重自五百六十斤至七千斤輕自二十七斤至

三百九十斤長自一尺七寸七分至丈有二尺鋏彈自四十八兩至四百八十兩鉛彈自二兩至二十八兩火葯自一兩三錢至八十兩烘葯自三錢至二兩皆按礮尺高下度數以定所及之遠近康熙五十五年三月

上諭朕考驗雷聲不出百里外易曰震驚百里若霹靂則不過七八里也至於礮聲竟聞二三百里從前盧溝橋演礮天津皆聞之按諸書無礮字惟正韻礮機石也又范蠡兵法飛石重十二斤爲機發行二百步礮蓋出此唐書李密傳以機發石爲攻城具號將軍礮今俗

亦稱礟爲大將軍以上十則吟香書屋筆記摘錄

乾隆間阿文成公平定伊犂時捕一瑪哈沁人問其何處得火藥曰蜣螂曝乾爲末以鹿血調之可代硝磺但力少弱又一蒙古台吉云鳥鎗儲火藥鉛丸後再取一乾蜣螂以細杖送入則比尋常可遠出一二十步文成試之均驗見灤陽續錄

水銀能蝕五金金遇之則白鉛遇之則化凡戰陣鉛丸陷入骨肉者但以水銀自創口灌滿鉛即化水隨水銀而出可免割取之苦今火器盛行軍營不可不備

駐防京城兵滿洲蒙古漢軍及綠營共十萬有奇此外滿洲養育兵有米者萬一千六百六十四人無米者五千四百二十八人蒙古養育兵有米者三千二百七十九人無米者千二百二十四人漢軍養育兵四千八百有十三人皆不給米共計養育兵二萬七千四百有八人

直省駐防兵皆歸將軍都統城守尉管轄共計十萬七千七百有六十至於東三省及新疆駐防則於滿蒙外有索倫兵錫伯兵達瑚爾兵察哈爾兵巴爾虎兵額魯特兵皆打牲游牧部落之臣服較後者故另編佐領不列

於八旗見皇朝通考

直省綠營兵安徽最少閩廣最多以水師故也甘肅亦多以口外故也（甘肅並伊犁巴里坤烏魯木齊核算共五萬五千六百十有九近年新疆改省又益兵一萬有奇）

將軍兼轄綠營者惟四川將軍（統率松建文武）有屯兵者惟湖南貴州

乾隆間平定兩金川設屯練土兵案屯練千名在營給千兵之餉歸伍則仍食五百名之餉其人戴虎皮帽穿牛皮靴最驍勇且登山越嶺如平地行軍必爭前鋒恥落

後所習營槍能命中及遠無虛發

定例驍騎營有馬甲按滿洲蒙古漢軍共馬甲二萬八千八百七十二人

定例馬甲之優者選爲領催以司册籍俸餉每佐領下五人共滿蒙漢佐領千有一百五十一人計領催五千九百五十有五人

定例守　陵寢兵千四百十有九人守圍場兵八百五五十人守盛京吉林邊門兵七百人

綠營有馬兵其額外外委卽馬兵也有守兵有戰兵而戰

守卽步兵也

乾隆四十七年陝甘增兵萬二千九百餘京師增兵四千九百餘案此所增者卽因新疆移戍內地兵單而設何妨移腹地省額之兵以補之亦無損於腹地且可省增餉五十四萬蓋兵貴精不貴多若募百萬不練膽練技無益而有損葛榮敗於滏口竇建德敗於虎牢是其前轍後鑒也

光緒二十二年正月提督依克唐阿奏請盛京吉林黑龍江軍營添設撫恤局委員經管調理受傷醫藥及陣亡士卒埋葬之用費見邸鈔案旅順交鋒士卒負傷者多多因無官醫調理歐洲會中人派官醫往治之至則倭奴已撩六七乃相率言中國不體恤士卒是以奏請設局此舉不惟固結兵心而亦

推廣　皇仁也

朝瑣屑錄卷二十二終

皇朝瑣屑錄

卷廿三之廿七

皇朝瑣屑錄卷二十三

嘉州 鍾 琦 泊農

武功十七則

太祖高皇帝 天命丁未年命長子褚英次子代善等統師徒瓦爾喀部斐優城之衆於内地烏拉國屯兵萬人邀諸路褚英代善各率兵五百奮勇夾擊烏拉兵大敗是役也陣斬貝勒博克多及其子生擒貝勒常住與貝勒瑚里布追殺三千級獲馬五千匹甲四千副越五年癸丑平烏拉國案烏拉乃金代部落之遺城郭土著射獵之國今設烏拉總管衙門距吉林省

城七十里

太祖朝插漢猶爲明用按插漢即察哈爾國時有北察哈南察哈之分此所述林丹汗蓋北察哈蒙古裔也其主林丹汗頗驕倨致書　太祖自稱四十萬衆蒙古國主而稱我爲水濱三萬國主　太祖不與校嗣　王師西征卒就俘獲　太宗時與明議和莊烈帝欲我去大號不稱帝而稱汗後知太宗降心從之莊烈帝忽不可泥於龍虎將軍之稱欲仍以臣禮待我致和局中梗明社爲墟按其時插漢偷生薊西其版圖財稅猛將謀臣豈足擬　大朝之萬

一則論殘明時局亦已百戰百敗儻赫斯一怒勢必如
摧枯拉朽乃我　祖宗遵時養晦猶不惜屈尊修好
用以廓保世滋大之規模天與人歸仁至義盡我　朝
得統之正成周以還莫與匹配已
太祖皇帝削平諸部始於哈達輝發烏喇葉赫所謂扈倫
四國即明人所稱南關北關者也乃以次臣服諸蒙古
至　太宗時凡十六國四十九貝勒畢歸然後收服
朝鮮而塞外莫不享王矣此　開國用兵之次第也其
蒙古十六國部落分爲四十九貝勒者曰科爾沁曰札

賴特曰杜爾伯特曰郭爾羅斯曰敖漢曰奈曼曰巴林曰土嘿特曰札魯特曰阿魯曰翁牛特曰車里克曰喀喇沁曰吳喇忒特曰察喀爾凡十五國而其時以察喀爾故太子爲諸貝勒冠亦爲一國按天聰十年蒙古四十九貝勒勸進亦以察喀爾太子爲之長分察喀爾爲二故號十六國也見 太宗實錄

崇德七年九月 命二將曰沙爾琥達曰珠瑪喇率兵出師征松阿里江之呼爾喀平之自是東海諸部悉隸版圖順治十年始於甯古塔設昂邦章京副都統以鎮

守之乾隆二十二年改將軍駐吉林自是始稱吉林省
見盛京通志諸部入旗披甲咸歸於滿洲昔年所臣服
者曰葉赫曰烏拉曰哈達曰輝發曰納殷曰棟鄂曰哲
陳曰窩集曰瓦爾喀曰呼爾哈曰安楚拉庫路今皆無
此名目葢統而言之曰滿洲故也自甯古塔東北行四
百餘里與呼爾哈毗連者曰諾雷天聰五年入貢曰克
宜克勒崇德二年入貢曰祜什哈哩崇德三年入貢此
三喀喇役屬久其頭目移家內地按喀喇漢言姓也今
三姓城即因三喀喇以爲名其俗陋　國初有服官

於京師者以魚皮爲衣後被德化冠服修飾居然與漢官無異柳邊紀略云俗稱窩稽達子以其地近於窩集耳又距甯古塔最遠之額登喀喇即使犬國使鹿鄂倫春使馬鄂倫春每年六月　命官在普祿鄉收貢貂　賜皆滿洲所屬故會典不列於理藩院見魏源聖武記以自古不毛之地遠至邇安蒙福受庇良由我　朝天威震懾　德教覃敷矣

黑龍江唐爲黑水靺鞨　國朝爲東三省之一其地居人不盡索倫也有滿洲有漢軍則徙自吉林者有巴爾

呼有鄂勒特（郎東華錄所稱額魯特之異文）則歸自蒙古者有達呼爾有俄倫春有畢喇爾本同鄉而別爲部落者也於黑龍江人不問部族槩稱索倫誤矣我 太祖高皇帝開國之初多用兵於 盛京吉林之境然尼堪外蘭築城于鄂勒琿今齊齊哈爾之地（今黑龍江將軍駐此）蓋偷居僻遠思逭 天誅 太祖丙戌年率師往征克其城尼堪外蘭竄入明邊界旋伏誅此 國朝用兵黑龍江之薩哈連部呼爾哈部（郎東華錄所稱布特哈之音與東海之呼爾哈族同而地異也）及 太宗文皇帝纘緒詰戎屢征索倫並取索倫

之有鐸陳城有多金城有雅克薩城於是諸部畏威懷
德悉歸版圖而黑龍江之建爲省會肇基於此以見
列聖謨烈萬世永頼云
太宗文皇帝既平察哈爾林丹汗內扎薩克四十九旗咸
入版圖而北有喀爾喀爲屏蔽故未與俄羅斯相接喀
爾喀者元太祖裔以在漠北謂之外蒙古大部四曰土
謝圖汗部爲喀爾喀後路曰車臣汗部爲東路曰扎薩
克圖汗部爲西路曰賽音諾顔部爲中路分左右翼舊
服屬於察喀爾天聰九年車臣汗碩壘貢駝馬自是土

謝圖汗袞布扎薩克圖汗素巴第賽貫音諾顏汗圖蒙肎相繼至未幾素巴第掠歸化城　上親征之遣使謝罪貢獨峯駝無尾羊順治二年車臣汗碩壘誘蘇尼特部長騰機思叛　命豫親王多鐸率師征剿大敗之五年乞降康熙十六年與噶爾丹搆兵喀爾喀大衆潰敗乞內附　聖祖仁皇帝撫綏安輯出水火而衽席之於是錫爵秩編佐領咸視蒙古例三十五年　上親征噶爾丹大將軍費揚古等破賊於昭莫多三十六年噶爾丹竄死朔漠悉平從此九白之貢頻登於

闕廷歲貢白駝一白馬八謂之九白之貢以爲常他物毋入獻五等之封亦盟於帶礪開闢萬里臣妾一家也

順治康熙間俄羅斯所屬之羅刹侵犯吉林黑龍江邊境竊據雅克薩城等處前後幾四十年案順治十一年

上命都統明安達哩征羅刹敗敵於黑龍江旋以餉匱班師十五年七月羅刹犯塞　命都統沙爾瑚達擊走之斬獲甚衆十七年　命甯古塔總管巴海同副都統尼哈哩率師敗羅刹於費雅喀康熙二十四年

命都統朋春等率師薄雅克薩城遣人以書諭降不

從軍其城南進紅衣礮於城北將夾攻之城下積柴爲焚城狀羅剎頭目額里克舍窮蹙引六百餘人從去捷聞　上諭部臣云大兵迅速征行破四十年盤踞之羅剎於數日之間獲雅克薩城但防禦不可疏虞應於何地駐兵速議具奏見國史館諸臣列傳

準噶爾者厄魯特四部之一其先本元阿魯台部聲譌爲厄魯特後分爲四曰和碩特曰準噶爾曰杜爾伯特曰土爾扈特各有分地以伊犁爲會宗處兵力惟準噶爾強悍其酋噶爾丹者性兇狡攻滅和碩特遂侵掠其鄰

喀爾喀部喀爾喀地在我蒙古之北至是勢不支率眾
來歸康熙二十九年　命裕親王福全爲撫遠大將
軍恭親王常甯爲安北大將軍出師至烏蘭布通大敗
其眾適噶爾丹之兄子策旺阿拉布坦亦遣使來附我
三十四年噶爾丹怙惡弗悛擾害喀爾喀益甚三十五
年春二月　上統禁旅由中路出獨石口黑龍江將
軍薩布素出東路撫遠大將軍費揚古率將軍孫思克
總兵康調元等出西路至昭莫多探知噶爾丹在特勒
克濟相踞不遠費揚古遣孫思克陣東阜康調元陣西

皇以待賊果大至我軍擊之自未至酉噶爾丹敗遁追殺三十餘里斬數千級生擒數百人牛二萬餘羊四萬餘軍器無算其妻阿奴哈屯亦死於亂兵投降者二千五百餘　聖祖恐爲邊患欲乘勢滅之秋九月

聖駕再發京師至歸化城檄青海諸台吉協擒噶爾丹諭策旺阿拉布坦亦如之三十六年噶爾丹竄於薩克薩呼里克勢益蹙三月十三日仰藥死其黨攜其屍及其女鍾濟海來降　上命以其餘衆畀策旺阿拉布坦統率之

康熙五十六年冬準噶爾部策旺阿拉布坦遣大策零敦多卜侵西藏蹂躪瞻對乍了察木多等處西藏酋長曰拉藏汗與達賴喇嘛及班禪厄爾得尼退守布達賴五十七年侍衛色楞會同青海王台吉進援總督額倫特繼之未至而拉藏汗已爲敵所殺八月朔日額倫特中槍殞我師敗績五十八年平逆將軍延信定西將軍噶爾弼進兵會勦靖逆將軍富甯安協理將軍祁里德振武將軍傅爾丹左右抄襲望風歸款大小頭目獻地投誠凡大策零敦多卜所授爲總管者俱斬於軍前西藏

平遂收其地入版圖計東西南北各五六千里設二大
臣治之億萬年感沐　聖化永遠綏謐矣
雍正元年青海王羅卜藏丹津叛以陝督年羹堯爲撫遠
大將軍提督岳鍾琪爲奮威將軍入平之羅卜藏丹津
走投準噶爾策旺阿拉布坦　命將收其地東至隴
西西至藏三千餘里北至沙州南至中甸五千餘里分四
班封親王一人郡王三人貝勒一人貝子三人鎭國公
一人輔國公三人一等台吉十七人貢道由西甯設辦
事大臣以治之見青海志略

雍正五年策旺阿拉布坦死其子噶爾丹策零襲性兇狡又集兵擾邊復以傅爾丹爲靖遠大將軍岳鍾琪爲寧遠大將軍九年六月傅爾丹出師敗績兵二萬得歸者僅二千餘岳鍾琪救援亦不能大獲賊益猖獗十年秋噶爾丹策零傾國入寇至額駙策凌所部策凌方入朝遂盡掠其貲畜二子一女亦爲所得策凌在途聞之割辮髮及所騎馬尾誓以死復讐卽借各蒙古兵回救噶爾丹策零方酣飲爲樂策凌夜半由間道繞出山後黎平登山頂大呼壓而下賊驚起人不及甲馬不及鞍棄

其軍貲猝遁策凌追及於額爾德尼招左阻崇山右限大江賊無路走我兵乘勢蹴之擊殺數萬尸滿山谷河水數十里皆赤噶爾丹策零竄去策凌即檄馬爾賽截殺不出兵軍士登城望見賊騎由城下過如亂鴉投林馬爾賽由是伏法噶爾丹策零從此衰弱 上以策凌有大功由賽音諾顏部郡王 詔晉封超勇親王錫黃帶城搭密爾河居之佩定邊左副將軍印授盟長便宜行事又分土謝圖汗部所滋息之二十一旗隸賽音諾顏部爲大扎薩克與三汗並列

費武襄公以國戚封伯爵大兵征噶爾丹出爲撫遠大將軍既奏凱衆欲露布揚功績公不謂然其奏摺惟言兵至某處迷道某處敗績某處絶糧此行屢蹈危機皆臣失算之故今憑藉 聖天子洪福徼倖成功實非意料所及云幕客皆咎其失體公曰 天子深居九重如見策勛太易必至好大喜功士卒勞瘁不可不使上聞之庶異日無窮兵黷武之患也人皆攝服見嘯亭雜錄按 高宗皇帝開疆闢土仁育義征決不以平定一隅遽形夸大武襄公之鰓鰓過計正足見老成

謀國之忠且公所言大局耳若爲公一身一家計崇封懋賞顯秩殊庸豈可復有開邊之偉烈公之謙退沉毅如此洵乃上揜馬伏波下軼曹武惠豈非 國家氣運之隆產茲魁傑與

我朝武功迥超前代凡近年北方之鎮戍乃昔年 睿略所經營如東海諸部今屬吉林省索倫諸部今屬黑龍江喀部今爲漠北雄藩準部等今爲新疆全境以及烏梁海之附於游牧哈薩克之列於邊郵此緣我朝聲靈普被 德澤周流故臣古來未臣之國惟地勢

互錯與俄羅斯毗連今該夷納我逋逃窺我埠市竊思
天下事忽於微必敗於漸執柄者宜深思遠慮無警而
當有警之防若疎於戒備逸於居安恐南人復反西爨
難馴非所以壯根本而享治平也吟香書屋筆記摘錄
嘉慶初年東南海上多盜曰鳳尾幫曰水澳幫皆閩盜箬
橫小幫浙盜續後有黃葵幫及和尚秋等盜皆閩粵間
人而閩盜蔡牽幫粵盜朱濆幫尤驍悍難治後惟黃葵
幫於玉環投誠餘則皆閩浙水師危檣大礮次第擊滅
其最奇莫如五年四月神風助順蕩平安南盜一事時

舟師猶未成安南大艇幫縱橫南海蟻聚五六千人有四總兵及爵侯僞號其聲勢與朱蔡二逆爲方游弋海壖忽大風暴雨黑浪山立漂全股盜船於台州松門沓冥間若有神人追逐沿海守兵乘風威下擊如屠豕羊捕蝗蝻然四總兵溺死者三磔死者一爵侯亦殄滅羣盜無一倖脫者奉　旨以總兵敕印擲還安南王阮光纘表言但令總兵巡海不慮其入浙爲盜悚息謝罪自後安南夷盜無復有片帆入中國海境矣聖朝懷柔百神威靈遐震固宜海若天吳代將帥驅除之任今秋教小醜茂覩中華禮義之邦一旦天怒貫盈當復有嘉慶五年四

朝

破滇之役將軍趙良棟七年擐甲百戰摧鋒其功固非他輩所能及且破城日諸將爭取子女財帛惟良棟於子女無所幸財帛無所受則又有古大將風矣

乾隆十年噶爾丹策零死其外婦所生子喇嘛達爾濟嗣位有輝特台吉阿睦爾撒納者最狡黠欲攜達瓦齊篡亂而已從後圖之達瓦齊乃大策零敦多卜之孫合兵突入伊犁弑喇嘛達爾濟於是達瓦齊自立爲汗阿睦爾撒納欲襲之而力不敵十九年率所部來降封郡王

且乞師欲借我兵滅達瓦齊而已得據其處也二十年春北路以班第爲定北將軍阿睦爾撒納爲定邊左副將軍西路以永常爲定西將軍薩拉爾爲定邊右將軍所至各部落攜酮酪獻羊馬行三四千里無抗拒者五月五日齊抵伊犁侍衛阿玉錫等夜以二十二騎呼噪突入賊萬衆驚潰達瓦齊逃竄爲回酋霍集斯承檄縛獻軍門並獲青海叛賊羅卜藏丹津以檻送京行獻俘禮是役也出師僅百餘日不傷一兵不折一矢渠賊頭飛六角名王面縛三門自古無此 文謨 武烈矣

純皇帝欲俟平定仍照昔年分設四大部以分其權勢而消亂萌但阿睦爾撒納其意如醉翁不在此也

乾隆二十年春三月旣平伊犁夏五月撤兵回內地六月二十三日阿睦爾撒納煽惑各台吉叛班第鄂容安自刎死　命達爾黨阿爲定西將軍富德副之二十一年六月喀爾喀郡王青滚雜卜苦軍報絡繹亦作亂又

命兆惠及成衮扎布（超勇親王策淩之子）皆爲定邊左副將軍尚書納延泰侍郎阿桂同往勦捕冬十月阿桂追獲青滚雜卜誅於軍前時兆惠駐兵濟爾喀朗聲息阻隔四

里坤大臣募人往探大風雪衆莫敢應有守備高天喜獨請行未幾侍衛圖倫楚統兵應援兆惠方率千有五百人轉戰而東斬殺無算二十二年正月至烏魯木齊諸賊皆會自十二日至十七日數十戰兆惠亦未挫敗然軍中無馬皆步行雪淖中草履亦不完所食惟瘦駝疲馬且將盡二十三日至特納格爾今阜康縣不能衝殺乃結營固守三十日圖倫楚兵至諸賊始解圍去會諸賊自相吞噬富德兆惠海蘭察成袞札布等乘其離散而擊之斬滅殆盡阿睦爾撒納走投俄羅斯爲樵者所得

解往其國理藩院行文索之阿睦爾撒納患痘死俄羅斯以其屍送入邊於是準噶爾蕩平設伊犁將軍以涖治建官屯田築城開渠從無銀豹之狂永絕銅人之叛矣

皇朝瑣屑錄卷二十三終

皇朝瑣屑錄卷二十四

嘉州　鍾　琦　泊農

武功十九則

國朝以少擊衆立功者康熙五十四年游擊潘之篝以兵二百敗厄魯特數千於哈密　聖祖上諭游擊潘之篝臨陣左手弓右手刀視賊蔑如囘子厄魯特無不贊服尤漢人所難得者又雍正中副將韓勛以兵四百破滇苗數千旋以兵二千破數萬苗於烏蒙副將樊廷以兵二千拒厄魯特二萬於巴里坤兆惠以兵千六百自

伊犁轉戰至巴里坤又以兵四百敵霍集占兵三萬於黑水營此皆感戴　國恩故有捐生敢死之心者

乾隆四十六年後藏班禪剌麻來　朝祝嘏中外施舍海溢山積及班禪卒於京師送歸後藏其財物皆爲其兄仲巴呼圖克圖所有又擯其弟舍瑪爾巴爲紅教不使分惠于是舍瑪爾巴憤愬廓爾喀（本巴勒布國舊分葉楞部布顏部庫木部後三部吞併爲一遂與後藏鄰）煽其入寇五十五年與兵犯邊　朝廷所遣援剿之侍衛巴忠將軍鄂輝等調停賄和遽以賊壓乞降具奏次年廓爾喀以堪布所許歲幣竟爽約

巴忠等飭堪布私許歲幣萬五千金再舉深入遠近驚惶兩大喇嘛飛章告急時巴忠扈
駕熱河聞變畏罪沉水死鄂輝等因盡以過委之
上命福康安爲將軍海蘭察爲參贊五十六年二月抵後藏六戰六捷斬首四千餘級涉賊境七百餘里舉國震懾遣人卑詞乞降將軍以遠踰回部險倍金川恐過八月即大雪封山乃允之盡獻還所掠財物且貢馴象番馬始班師

乾隆甲寅白蓮教跳粱渠魁冉天元王三槐齊二寡婦等裹脅二十萬衆由老林出沒蹂躪秦楚蜀其勢猖狂惟

恇怯知縣劉清武將楊遇春羅思舉張必祿桂涵楊芳等視他統兵官皆蟣蝚耳　仁宗皇帝命勒保爲經略大臣德楞泰爲參贊大臣統率勁旅征勦大敗賊於嘉陵江否則河南隴東亦有風聲鶴唳之虞嘉慶三年官兵擒獲王三槐解京審訊時有官迫民反之供

上聞之惻然　特諭褒擢廉吏劉清等以風厲天下越三年白蓮教爲經略額勒登保蕩平按官迫民反不獨白蓮教道光戊申湖南新甯知縣李博辦理平糶勒價二千文一石次年訛詐雷再浩之妻黨以致激變李沅法乘時糾衆圍城又已酉廣西桂平縣韋正因謗縣登仕郎區額登受官吏需索遂投洪秀全後稱北王肆行殺戮以抒憤

瀆見椒生隨筆凡官吏貪酷實爲禍本地方不安由官邪也犯上作亂是誰階之厲乎

額勒登保性耿介嚴毅善用兵乾嘉間平苗疆平臺灣平廓爾喀屢立戰功封威勇侯及征教匪用楊遇春朱射斗爲左右翼故所向克捷其設伏夾擊之戰如黃土場擒羅其清百里灘利之戰如雲臺鋪與參贊大臣德楞泰夾攻徐天德取勢之戰如石笋河冷逆餘黨繞擊之戰如人頭堰冷天祿夜圍之戰如石岡斬張長庚蕭占國生擒四千餘衆嚴備之戰如大安槽敗徐天德卽使萬不得已如平井鋪徐天德之倉卒遇敵亦部署整暇凡運籌決勝往往攻其不備未有待其備而後攻者

所以累殲大憝克集茂勳矣

參贊德楞泰馬蹄岡之戰殲賊數千保全巴蜀士大夫譚之至今勃勃有生氣是戰不奇於擒渠而奇於百死一生轉敗爲勝耳案方略館原疏並無精采者由幕客惡習掩其危急狀但稱擒渠斬魁故後人視爲例勝例仗反晦參贊之勞烈也

嘉慶五年楊遇春追賊酉高天得馬學禮王廷詔於棧道爲遇春一晝夜馳四百里所擒旋以五百騎破王鴻儒劉永恭四千餘賊至鎭安全隊殲焉時苟文潤賊鋒銳

甚遇春首進叅贊德楞泰繼之賊壓山而下勢若建瓴
萬衆驚欲奔遇春據溝力扼賊矛齊偪馬首遇春震威
一叱衆矛辟易親軍數人乘勢越壕殺退衆以爲神公
大小數百戰未嘗受毫髮傷　宣宗諭及歎爲眞福
將見楊忠武公勤勞錄
嘉慶四年教匪一萬餘屯聚石笋河經略令朱射斗繞路
邀其前楊遇春穆克登布追其後派楊芳以九騎前探
甫行十餘里遥聞礮聲益近馳益急至石笋河南岸則
萬賊爭渡前臨大江後逼懸崖芳急遣二騎回催衆兵

而以七騎大呼馳下連矢殪其前賊莫不驚潰蹈淺洲者三四千其先渡北岸者無由救應有五舟離岸衆賊蟻附而舟重每發一矢即驚覆一舟五矢五舟齊覆俄楊遇春穆克登布軍追至則已無一賊矣闔營懽呼曰七騎掃盪七千軍五箭射死五百人

羅思舉嘉慶中以鄉勇起家至提督善用兵因險出奇以少破衆其威名蓋自豐城刦寨始豐城者達州東鄉大盜王三槐之巢穴屯聚數萬矛槊成林官軍莫誰何適賊率三千出掠將近羅家壩該處團勇從未習戰思舉

厠其間獨身遇賊前鋒詭呼曰數十賊耳直前擊之衆聞賊少氣壯爭奮遂敗賊乃獻俘獲於游擊羅定國定國使偵豐城還報請率死士夜擣其巢穴而伏官軍五百爲外應以資夾攻可殄滅矣左右咸笑之思舉憤懣此輩養賊乃自請火藥夜獨往賊寨深入見積薪茅焚之風烈火熾焱焱炎炎有赤壁鏖兵之勢賊黑夜自相蹂殺讙譟震驚奪路走顛崖踣死無算思舉乘亂跳身還以無官軍邀擊故賊得盡奔南壩場弃棄器械牲畜山積是役以一夫走賊數萬人名震川東北鄉勇從之

者如歸市於是自成一隊號羅家軍

雍正四年　上命雲貴總督鄂爾泰凡諸不法土司悉改流而羣苗亦先後歸順惟烏蒙土府祿萬鍾鎮雄土府隴慶侯抗拒遣參將哈元生進勦累敗賊衆立功至揚威將軍其烏蒙之戰元生以千兵遇賊二萬有黑寡暮末二渠皆萬人敵黑寡持鋏槍直犯元生元生左撐持右拔矢應手殪之又射斃暮末即竿揭二首以進賊奪氣再戰再捷追至倚那岡羣賊四五萬連營十里元生僅有兵三千大呼奮擊賊奔潰死傷山積破其八十

營從此賊望見元生旗即反走見恆農堂文集
乾隆元年授張廣泗經略征剿台拱諸苗匪所向克捷復乘兵威搜除計先後掃蕩共焚燬有千二百二十四寨赦免三百八十有八寨陣斬一萬七千六百有奇俘二萬五千有奇獲槍礮四萬六千五百有奇刀矛弓弩標甲十四萬八千有奇此據方略原奏而錄之若袁子才文所言餓死四十餘萬者乃文人筆墨恣口衍說眯目妄談原不足信也
桂涵東鄉人與同里羅思舉善膽智趫捷屢觸禁網兵役不能獲時或見於人家瓦屋上及懸崖峭壁間閒官募

義勇皆來歸往往以二三十騎走賊萬衆教首徐天德
患義勇與官兵犄角移屯香爐坪朱射斗躡其後涵及
思舉各伏義勇伺其渡河突出扼擊之賊自相蹂躪沉
斃三四千水爲不流嘉慶三年五月賊於淨土庵圍攻
官兵自晨至午營壘垂破忽義勇蠭擁而至各標樹葉爲
號涵倡先陷陣呼聲震山谷賊寨火藥忽發煙塵直逼
胥漢賊驚潰積尸數丈高斬教首孫士鳳官兵又徼擊
其竄之賊賊縊林中相望樹爲之折明年林木皆爲屍
氣蒸死賊自跳梁以來無此大創餘賊二三千北走太

平莫不鳩形鵠面者覓戢靖教匪案蜀寇惟徐天德王三槐最倡獗至是窮蹙恇怯使非齊王氏等相繼由楚入川不待征剿而自然瓦解氷消矣

嘉慶十四年閩浙水師攻勦蔡牽屢戰重洋閱兩晝夜蔡逆夫婦淹斃黑水洋盜船一律燒毀頭目擒斬無遺經閩浙總督張師誠由五百里馳奏 上大喜慰 封福建提督王得祿子爵 賞戴雙眼花翎 封浙江提督邱良功男爵並各 頒賞珍物有差是役孫軍門大剛童軍門鎮陞先有罪至是還孫總兵原職童開復頂

戴相傳浙軍圍攻逆船追逐千里枵腹苦戰喋血於狂風巨浪中兵勇傷殘極眾比閩軍遲一日到已功在垂成矣奏捷之疏由總督主稿遂有閩幫優於浙幫之說而　恩賞亦有軒輊邨軍門致巡撫書謂掃蕩鯨鯢肅清海甸總是大快事不必計較功伐眞名將風規也昔鍾鄧入蜀渾濬平吳設皆如軍門大度固當功名始終

副都統伊興額吉林正白旗人形體魁偉膂力勇猛由侍衛征粵寇所向克捷調剿捻匪即率馬隊一敗賊於任

橋再敗賊於方縣時宿州捻匪尤猖獗公乘夜並進出其不意三戰三捷殺賊五千餘人時號其軍爲伊家軍又追賊於永城縣鋏佛寺生擒捻首王乾發陣斬捻首常友燦莫不憚其威名郎僞王苗沛霖張樂行不敢與敵繞道攻徐州公從後襲敗之殺賊三千餘人有別股捻首王廣愛聚眾五六萬騷擾橫竄某大帥聞風遠遁公卷旗束甲邀擊於要害擒斬王廣愛賊鋭悉殲除聞宿州五家溜爲捻首李月久踞所率皆勇悍都統由蕭縣瓦子口往擣其背奮力鏖戰斬馘六八七千積賊尸爲

京觀焉旋獲李月誅之又繫昌建德及蒙城渦陽霍邱甯陵等處捻匪殄滅殆盡此皆前後戰績也公用兵如神尤能以少勝多以奇制勝雖古之韓岳何多讓焉予功服弟雁湖於都統處襄文案雁湖言其忠介果毅溢於言色談兵扼要密合韜鈐且約束士旅極嚴肅有妄取鄉市一蔬一果者立附重典凡疾病困苦傾囊佽助無吝色故能得士旅心惜其禦賊波上受礮傷血流如注尚欲裹創交鋒走百十步而仆斃惜哉至今徐宿士庶道及都統行軍築壘進退節制歎爲奇才異勇嗚呼

如都統者非戰將也固今之名將矣

咸豐丁巳道員金光筯大敗賊於壽春多隆阿塔齊布鮑超在黃梅各建旗鼓俘斬五六千楊載福克復彭澤張國樑克復句容溧水時守鎮江賊吳汝孝精悍善戰而地勢當衝要阻山傍水古稱鐵甕官兵攻不下乃設計斷其糧餉城始破吳汝孝逃遁曾侍郎率楚勇於童司牌邀擊匹馬片帆無反者今年行馬流星援戈揮日凡蕪淮地方風鶴皆晉兵草木盡王師也

國家承平營兵率皆沈湎歌呼不知步伐隊伍今使其對

壘交鋒往往鼠竄狼奔且守陴者甚恖以空礮向外不實鉛子徒以硝焰鳴之猶揮手示賊俟稍退乃發火惟有空響而已凡邸鈔所報勝仗者名曰例勝亦曰例仗外雖矯矯內實索索諺所謂紙老虎是也惟伊興額烏蘭泰張國樑全玉貴周盛波楊載福程學啓李朝斌鮑超張曜諸君子多謀善戰所向克捷至於塔齊布多隆阿兩將軍其志趣忠勇尤迥異尋常塔齊布於甲寅春臨陣斬僞丞相曾天養該賊獰髮張自最驍桀梟其頭重十餘斤其軀幹雄偉亦乞活夏獸之流自天養死後

諸賊奪氣不敢與塔齊布交鋒多隆阿累摧堅壘深抵窮巢恢復常鎮揚徐等處俱爲渠魁懾駭當時予有俚句略言軍情賊狀誌其實耳

詩云賊人多官兵少賊殺人如刈草初時賊畏官官來賊退事郎完後來官畏賊賊來官退賊愈逼星星之火能燎原涓涓之滴成巨淵本期撲滅在旦夕豈料毒經十二年百姓流離幾曾慣生長承平不知亂無端忍入鬼門關賊殺一半官一半賊殺一半官不知知官殺一半當賊算有如驅猛虎但教謀逐不敢迕又如捕飛蝗死者無幾生者翔兵死百人以一報賊死一人以百告捍禦沙場肝腦塗戰功還被他人冒紛紛更軍門居上游干旗玉帳貔貅窮追既少斫足馬對敵更無燒尾牛揚兵難爲子儀計藉爾豈有睢陽謀公然縱賊使之去滋蔓一任憐封憂若教拔以失律罪上方劍斬渠帥頭嗚呼狐鳴豕突何時止惟望武臣不惜死君不見驍勇盡如塔多兩將軍此輩猖狂何至此

同治壬戌滇匪李永和退出青神經楚勇追剿旋竄龍究埸總兵官周達武逼近賊巢高築十二壘望敵設陣飛矢揚兵兼以團練絶其奔軼之路以爲聚殲之謀該逆糧盡勢蹙率其黨卯德新投誠劉霞仙方伯恐貽後患遂分交各營於八月廿六日二更時以火箭爲號全行處斬計殺四千七百五十人渠魁首惡按名就縛無漏網脱冒者次日予解藥彈至營役夫等從積屍中踐過

同治癸亥僞翼王石達開由大理侵犯川疆竄至涼山蠻界繞小路逕奔土司王應元所轄紫打地有提督唐友

耕扼守江干三月二十七日山雨滂湃大渡河水暴漲
四五丈其勢潏湟㴔泱賊不得狂逞又見谿壑奧竇危
壁巉巖恐夷兵埋伏意欲轉趨天全州迭經王應元扼
河鏖戰斬首三四千級該逆智窮力竭駐劄馬鞍山土
司嶺承恩復帶夷兵從上壓下殺斃無算遂將馬鞍山
佔踞絕其糧道賊衆拚命直撲山巔而夷兵於聳峙陡
坡間用木石滾擊墜崖者以萬計落水者以萬計其妻
妾攜手沉江中該逆進退維谷遂率其黨至洗馬姑稽
首投誠蔡步鍾太守護解晉省淩遲處死賊衆數千人

在洗馬姑爲官兵全行坑殺案行軍以地利爲本故孫臏先知馬陵之險而後可以定入魏之謀韓信先察井陘之險而後可以決勝趙之計今該逆竄紫打地竟如釜底游魚檻中困獸者良由不知地利耳至於季春非河水暴漲四五丈之時忽然洶涌滂潰其間有天意又不全關羊腸鳥道之地利矣同治丙寅總督駱秉章具奏洪波助勢俾賊技漸窮應請 飭部議加大渡河神封號建立專祠列入祀典惟疏中言雅州嘉定解圍賊見金華神遣陰兵默佑賊即駭潰請加封號附祀大渡河神祠未免附會

同治甲子蘓州軍統率洋將弋登恢復宜興荆溪旋攻鍾
山扼斷太平神策二門蔣益澧統率洋將德克碑恢復
杭州遂合圍金陵六月初一日大軍占龍膊子山十六
日地道火發揭開城垣二十丈由地道闕口仰攻而入
擒僞烈王李萬材據供稱賊酋洪秀全於五月服毒而
亡大軍共斃賊十三四萬及大小頭目三四千名將洪
秀全剉尸焚骨該逆雖逃顯戮於生前仍攖極刑於身
後與董卓膏臍侯景臠食何異焉所擒忠酋李秀成淩
遲處死僞幼主洪福瑱遁往江西廣豐爲鮑超營官周

家艮所獲案該逆初時倡亂皆鄉村庸流非有犀兕其威也貔豻其勇也亦非有武騎千隊戎車萬驪也倘昔日地方官力行團練保甲訪有萌櫱拔其根株豈至如斯潰爛決裂耶以上六則吟香書屋筆記摘錄

同治丁卯馬湖教匪宋世傑等謀不法突攻馬邊撫提督周達武前後邀擊斬殺三千級緝獲該逆等誅之自起事甫及四十日全行蕩平葢此番出其不意必其不意攻其無備必其無備惟恐其意也務絕其備矣

皇朝瑣屑錄卷二十四終

皇朝瑣屑錄卷二十五

嘉州　鍾　琦　泊農

忠義二十九則

乾隆間會稽壽同春以布衣客臺灣淡水廳幕值林爽文之變淡水陷廳官及於難壽展轉賊中密約忠義士反正城立復乃搜捕羣不逞斬刈無算而撫定其孑遺賜卹備至感惠大著草萬言書渡海達大府大府疏告
天子驚賞郎　命知淡水廳循政多可紀後罵賊不屈死事聞　贈太僕寺卿予官立祠　恩禮有

加壽亦人傑矣哉

乾隆甲辰甘肅小山逆回田五爲亂聚石峰堡大肆淫掠遂犯通渭城知縣王慺割鬚賓鄉豎與吳溫模福建長樂人夙有惠政聞變率兵民登陴固守七晝夜會糧盡城陷正衣冠向北拜遂自經事平大學士阿公嘉勇侯福公以聞　純皇帝嘉悼之有取義舍生賞延於世之　諭贈府知事加知縣銜旋晉道銜　賜祭葬入祀昭忠祠蔭一子知縣諸被難者咸有卹蔭而置王慺於法流外微官赫然忠義誰謂哦松射鴨之中無豪

傑士與。

趙雲松　皇朝武功紀盛所載將軍明瑞殉節勃勃有生氣乾隆三十二年命將軍明瑞征緬甸率觀音保哈國興等連破十二壘殲三千賊追至象孔迷失道因糧已罄由木邦歸其酋知我軍乏食悉衆來追我軍且戰且行每日先以一軍拒敵即以一軍退至數里成列以待而後撤回先戰之軍使列以待者又出戰如是更番迭代日凡十餘次故每日僅行二三十里自章子壩至小猛育二千里凡六十日始至況六十日中並未挫敗

又有鑾化之大捷殺四千賊明瑞每巡師自朝至暮勺水未入口糧久絕僅啖牛炙一臠猶與戰士共之故雖困憊無人有怨志旣而賊聚五六萬我師無策應明瑞乃令軍士乘夜出就食糧臺自率親兵數百斷後無不一當百忽領隊大臣觀音保及扎拉豐阿中鎗死明瑞遂自刎而亡方軍勢危急時明瑞謂諸將曰賊知我力竭然必決死戰者正欲賊知我　國家威令嚴明將士奮勇雖窮蹙至此無一人不盡力庶賊知所畏憚而後來者亦易於接辦此其忠君愛國之一心尤非獨慷慨

徒死者所可同日語矣

乾隆三十七年二月兩金川搆逆　上命進剿忠勇額駙福隆安素知貴西道王如玉有才略山西靈石人字嵐溪任貴西道有惠政奏薦揀發軍營是時兵分三路定邊將軍大學士溫福駐木果木山從昔嶺以達建昌是爲西路左副將軍尚書阿桂駐當噶山是爲南路右副將軍尚書豐昇額駐綽斯甲布之宜喜山是爲北路時王如玉從溫福恐日久生變屢有建白未見用日嘗磨所佩劍使極利見者咸詫之三十八年六月十二日賊誘降番內外竊

發官寨淪陷如玉屯兵簇拉角克忽聞温福陣亡因與護餉將士激勵固守南北兩尚書地遠不能分援或勸如玉微服出遁如玉誓以死報國時趙文哲岳廷栻亦不肯逃脫指間玉韘付僕曰汝宜速去持此歸葬即抽佩劍躍馬奔賊擊殺七八人俄中槍殞協鎮某在高阜處目擊以語顧響泉廉訪得以筆記者也其子榮榮聞變奔喪至潼關遇僕已扶柩至所殯即玉韘及衣冠而已遂奉以歸葬事聞　上震悼贈太僕寺卿入祀昭忠祠廕一子加恩騎尉世襲按木果木殉節諸公皆不得其屍以歸葬雖有孝子慈孫至該處僅得於白草黃沙

間招魂望祭而已嗚呼是則可哀已查懋功之三官橋皆崇山峭峋逼仄下臨大江水勢澎湃方木果木失事時兵猝不下二萬人各欲求生奪路擠墮者無算須臾橋為門斷士番追躡於後其囂聲如天崩地坼紛紛籍籍皆趨入大江積屍成堤人馬皆踩躪而過國朝用兵以來未有如木果木之喪師失銳者亦由羊腸鳥道間士卒不能馳騁故遭坐困耳所以智如曹瞞猶惕息於陽平明如武侯尚遲回於子午蓋地利者為行軍之本古人必先知地利而後行軍不然有以啟戎心而闖寇徑矣

嘉慶十八年教匪林清之變滑縣老岸鎮巡檢咸甯劉公斌首發其事手擒逆黨李文成牛亮臣親致之縣縣甯治文成折其脛黨與散而期會誤得以即時戡定公功為多方九月七日賊奪門入城公居典史署聞變持械

出巷戰殉難事聞　贈知縣賜謚忠義公以從薪曲突之人遭爛額焦頭之慘幸　聖明知其始末故九品微官獲邀易名之曠典也詳見梅伯言先生柏梘山房文集

道光間西夷犯浙武臣多死綏者如金華副將朱貴及其子昭南死慈谿大寶山壽春總兵王錫朋處州總兵鄭國鴻定海總兵葛雲飛狼山總兵謝朝恩死定海竹山門當時諸將一心戰守艱苦威德洽而紀律嚴父老皆以爲長城之倚奈調兵請餉動輒掣肘至於力竭身殉

浩氣同歸至今談者猶下涕嗚呼誰秉節鉞擢我忠良
某某輩之肉不足食也文臣牧令已下亦間有殉難者
乍浦同知山東韋逢甲鄞縣知縣福建姚懷祥縣丞雲
南李向陽典史甘肅全福凡四人朱將軍及定海四忠
戰績近人多紀述者
道光壬寅西人陷京口金陵戒嚴　朝命以在籍紳士蔡
友石太僕周石生方伯湯貞愍公雨生協力守禦蔡周
皆耆臣宿望湯尤說禮敦詩洞諳韜略敵知有備始退
去湯被　命日有寄二公詩云同是　深恩難報答寸

心早把死生除其後粵匪跳粱上書大府進守江之策不用城破挈孫投水死舍生取義卒踐前言嗚呼偉矣

道光二十二年五月朔夷匪竄松江距城八十里監司邑令各買一舟備走路上海典史楊慶恩謁監司不得見邑令諷以大義令曰諾探吳淞失守監司縣令皆遁去典史淚簌簌雨下投春申浦沉死事聞蒙　予卹贈如制查破松江時經略督撫以下及監司其官之尊於典史者多矣而皆獸駭鳥散所以陳慶鏞疏中言死節者乃在區區一典史見危授命之難也如是夫

松江提督陳化成聞香山之敗殉死者有提督關天培定海陣亡王錫朋裕謙葛雲飛鄭國鴻謝朝恩江繼善祥福其餘大率皆奔潰公在松江防禦謹嚴吳淞崇明舟山等處倚以為重道光二十二年四月夷匪破乍浦距吳淞二百里公主西礮臺總督牛鑑主東礮臺五月甲寅夷匪忽攻西礮臺公擊敗夷匪數千損其火輪船三巨艦一丙辰夷匪舉大礮於桅杪連發之鉛彈如雨公請援於制軍而制軍已先退惟遣騎邀公偕遁再公叱去右脅中鎗血涔涔沾袍襟猶秉旗促戰未幾聲漸微

北面再拜而絕同時戰歿者守備常印福千總錢金玉龔齡增許林許攀桂徐大華有武進士劉國標奪公屍匿蘆葦中越十二日面如生　賜謚忠愍先是夷匪有不畏江南百萬兵只畏江南陳化成之謠自公歿後而夷匪入寶山達京口已未竄上海庚申至春申浦遂度三泖破松江直逼金焦而蘇常杭湖諸大郡皆震動戒嚴二三重臣議和之謀售矣嗚呼使當時諸將帥盡能如公亦何遽至此哉

道光庚戌八月十二日賊酋洪秀全踞大黃江蹂躪三十

七州縣咸豐辛亥二月八日提督向榮率副將齋清阿進剿齋清阿陷堅殪敵斬獲無算賊畏之遁入紫金山該處幅幀延袤裹脅二十萬衆參將謝陞恩袁國璘曾朝玉李懋華陣亡二十四日賊踞里松齋清阿奮勇爲賊所傷裹創復戰各賊酋稍有挫衄忽大雨如注路徑險滑跌於巖壑下同參將左竑郭維虎劉恩錫等皆陣亡昇尸回營齋清阿猶手握斷刀怒目上視凜然有生氣

咸豐閒張文毅公芾視學江右孫文節公銘恩視學皖江

皆奉　旨辦賊張請終制孫請歸省皆忤　上意
鐫級時方以爲書生膽怯也後孫旋殉難張歸籍遇逆
回之變駡賊不屈蓋當時局糜爛兵事掣肘殺身無補
忠孝宜完留其身以有待亦儒臣進退之義自被嚴詔
終養大節非特誤國偷生之輩不足供其奴隸即倉猝
遇寇模糊捐生幸厠忠義之林者亦豈足比擬百一哉
粵匪踞金陵士人陷賊中者多以節烈著聞副賊楊秀清
嘗設策開僞科遍多士賦詩題曰四海之內皆東王有
諸生鄭之僑者作詩痛詆起句云四海皆清土安容鼠

輩狂人皆思北闕世忽有東王賊大怒支解之廪生張
繼庚佯與賊暱結爲内應七上書向忠武公復覩謁公
營圖反正適大雪失期及事洩被拘賊窮治黨與搒笞
鍛鍊身無完膚終不累一人賊復餌以甘言乃請示僞
官册指其悍者二十餘人賊皆立斬之旣而悟始磔君
君臨刑作絶命詞有云拔不去眼中釘嘔不盡心頭血
吁嗟窮途窮空抱烈士烈殺賊苦無權駡賊猶有舌詞
及上向公書江甯人至今猶傳誦又諸生夏宗銑者賊
脅就試終卷有駡賊語亦被磔又張君同謀有金和買

鍾麟李鈞祥何師孟皆諸生韋布嘗引官兵入伏城中夜起殺賊以有備不得逞後不知所終嗚呼江甯之變大府帥駐兵小孤山聞警失措全軍譁潰坐失長江天設之險而衣冠科目中人至有以五色布裹頭受僞制謬封而不惜者迄今中興三十年度此輩大半死亡以視諸君子艱難求濟慷慨殉生薄祿未霑大義是荷其輕重之區豈直泰山之於鴻毛哉

八旂子弟爲我　朝豐沛舊人二百年來豢養深恩淪浹肌髓自從龍羣彥闢土斬荊名王鉅帥聲烈烜赫厥

後戡定三藩洗盪西域旂兵勛伐亦炳炳在綠營上嘉
道已後威望稍損矣然平定粤匪之役雖滿營騎射用
違其長而若武壯公烏蘭泰忠武公塔齊布忠勇公多
隆阿及副都統伊興額盛京將軍都興阿諸公忠貞樸
勁屢摧狂寇櫛風沐雨始終戎幕實不愧兔罝材武之
選豐鎬故家之遺其所統佽飛羽林以及牧馬健兒打
牲部落紀律嚴整亦足與湘淮兩軍等旌旗壁壘之色
至於賊蹤所及直省騎防各營臨難不苟忠節如林其
最著者咸豐三年二月賊竄金陵將軍忠勇公祥

厚副都統果毅公霍隆武力扼滿城相持兩日夜血戰
捐軀十年二月杭州淪沒將軍忠壯公瑞昌副都統果
毅公傑純聚兵死守鏖戰六日夜卒復省垣十一年十
一月全浙糜爛杭州復失駐防城尚堅持四日傑公戰
死瑞公縱火自焚兩省之陷滿兵皆視死如飴萬衆同
命雖婦人稚子無一偷生草間者忠義之氣上耀三光
下垂百世亦足見　聖祖神宗殷肱臣僕之報已
咸豐三年粵寇自武昌下竄俘掠五十萬人蔽江東來帆
檣如薺吳頭楚尾千里無堅城陸建瀛方總制三江新

膺節鉞奉　命出境駐防老鼠峽鋒刃未交掩旗宵遁長江天險以至不能守金陵龍蟠虎踞之區雄師霧屯芻糧山積士女登陴咸誓死守乃未及半月遽爲儀鳳門地雷所乘賊據爲僞都歷十三年不能猝拔江蘇六合縣以瀕江僻邑孤縣賊中百戰解嚴屢摧劇寇故時有紙糊南京城鐵鑄六合縣之謠守禦之道豈不在得人哉時知縣事者爲湖北温壯勇公紹原陸制軍鄉里也積功擢道員充江南大營翼長仍留防六合困守六載至八年九月揚州再失賊勢益張憤六合官民甚

糾大隊狂賊圍城紹原激厲士卒割衫嚙指草血書上勝帥乞救不應糧盡援絶城遂陷紹原率妻王氏次子輔材冡婦陳氏投水以殉城中共事者新選六合縣李守誠總兵羅王斌知縣馮明本典史葉楙奎都司王家幹百夏定邦守備余承恩千總海從龍等皆巷戰陣亡罵賊不屈吁睢陽忠節長耀江淮彼河北二十四郡望風瓦解何竟無一人鬚眉哉

提督張國樑驍勇善戰前後焚艇二千一百餘艘斬首八千餘級己未賊酋李秀成率衆七萬來爭浦口國樑乘

駭亂而擊之無異揚沸沃蟻捧海澆螢也庚申丹陽失守國樑裹創殺賊一千餘級因士卒死亡殆盡於南門外自沉江死賊感其忠義尋獲屍備棺厚瘞於塔下按賊感其忠義者三人國樑其一也辛酉李秀成犯浙巡撫王有齡多惠政顧糧盡援窮遂自縊學政張錫庚同時殉節賊入相戒不敢犯均以禮葬之其後上海人欲以木易櫬啟視則顏色如生公服宛然

宣城丁蓊諸生慷慨好施與所居金寶墟地介衝要見流寇縱橫與衆倡舉義團自咸豐丙辰設辦以來內勵壯

丁外禦悍匪兇鋒屢折眾志成城甯國兩次失陷此屹然孤立賊黨相戒不敢犯非有過人之才制勝之略安得支持六七年也同治壬戌僞侍王李世賢率悍匪十二萬圍攻死傷如積十二月二十二日破墟而入賊眾銜恨恣意屠殺計前後死者二三萬人嗚呼慘矣丁生保舉訓導加鹽提舉銜至是奮身獨戰力竭被戕時彭玉麟侍郎駐營裕溪往見此墟遘難之酷捐貲購地收殮枯骸爲萬人大冢勒石以表節義查核一門殉難者八家共三十九人闔家殉難口數可計名實不可考者耆

二百三十六家並無口數可稽者二十七家官紳殉難九十七員團總團兵殉難者九百七十四人士庶殉難者三千三百二十二人婦女殉難者二千有四十三人爲聞於朝請加旌恤褒揚毅魄闡發幽光誠盛典也至於丁生非有守土之責而誓死弗去闔門灰燼固屬悲傷然身攖白刃而名標靑史豈不烈哉豈不烈哉

儀徵夏履常名慶保官上元縣訓導品端慤爲士林推重癸丑賊圍金陵公知不可守（陸制軍城外不築一壘不守一兵故賊逞其志）誓死報國二月十日城陷公服朝衣冠於學宮外牆大書

絶句云苜蓿何堪繼采薇坦然全受復全歸半生養就淩雲志化作貞魂一片飛賊至呵之不屈乃交刃之而死嗚呼公之死光明磊落兀然不懼更難於雉經仰藥者非志節素定何能若是耶

帥遠鐸黄梅縣人由編修報捐道員咸豐七年撫臣耆齡奏留江西委甲時賊酋石達開犯撫州耆中丞命帥觀察偕副將周鳳山率勇往剿然賊二十萬衆勢猖獗力不能禦觀察慷慨謂左右曰軍法有進無退我當以死相持結營築壘據要隘以與之抗賊至前後環攻屢爲

所卹卒以眾寡不敵營陷時猶手刃二賊目陣亡其姪帥疇與記室萬泰亦同受害同治十年由督臣奏請於

朝奉　旨於東鄉及原籍建立專祠以帥疇萬泰從祀以慰忠貞云

湘潭吳棠以孝廉官安仁縣教諭咸豐二年八月廿七日賊由安福竄茶陵州所至風聲鶴唳九月二日安仁居民遷徙流離知縣汎官等出禦城外之寶塔嶺實將借詞他遁也君獨議守以待援師堅不肯出然度不可支作書並將詩文稿付僕馳歸鄉里泣諭之曰死乃吾分

願家人勿以爲念初五日賊突攻南門君登陴禦之俄而賊從北門闕口攀援而上勇丁逃散遽被執賊勸之降不可叱之跪怒目視賊眥盡裂厲聲大詈賊痛毆之體無完膚猶罵不絕口遂殺之次日大軍至賊遁地方官殮其尸面如生其子甫在襁褓不能聞於當道然捐軀報國不可以湮没也其友張某方官御史奏聞奉

旨建祠以旌之君以末秩獨嬰孤城效死弗去其忠節詎不足以激頑廟懦哉千秋百世下聞其風義者猶將與起焉

上元縣有馬秀才者以屠沽爲生頗不齒於鄉里咸豐三年二月十日賊破金陵城其弟請死生慨然曰不可以徒死殺一賊而死吾命取償於賊矣若殺二賊是爲國立功而死也遂設酒食於庭迎賊入潛殺之投其尸於井日以爲常殺賊甚夥既謂弟曰殺人而不使人知不武汝取賊首榜諸門遂與其弟俱遇害是二人者亦殺身以成仁者也

衡陽魏承柷以舉人任貴州普定縣有惠政天柱以徵糧釀變當道耳君名謂非魏某往不可因以兵甲授之命

往剿君曰此民耳非盜也豈可以軍旅而激成蜩螗鼎沸哉以單騎至其地民羅拜而泣訴君撫慰之衆盡歸家惟懲其倡首一二人而已事遂寢李沅發之亂（此變亦由貪吏所激）與普定壤地毗連君募勇三千親自防禦賊不敢犯且率衆克復永甯清鎮胡文忠公知君有才略其後調往湖北即其所練之兵也咸豐甲寅江忠源剿賊楚南文忠公亟稱其能奏請隨營襄辦乙卯賊竄郴州君率赫勇殺戮無算賊從間道突出大營潰君猶持刀傷賊酋衆圍攻與其僕王福羅祖繩同死身被七十餘創

賊銜之刺骨割其首剖其肺腸懸諸樹以爲標識軍士夤夜盜其尸摶土作頭顱以殮越兩月城復知縣戚天保函首裹腸胃遣人賫至乃復啟棺納焉行間死事之慘未有過於魏君者也事聞以同知例賜卹州人思之立祠祀焉觀其前後功烈赫然其韜略經濟豈在古名將下哉值豕突狐鳴身被七十餘創亦可哀耳然捐軀報國著大節於天壤間矣

合肥吳毓衡名諸生少負文武才見戎馬縱橫慨然以澄清爲己任逌賊氛逼近遂首倡團練一戰而敗其衆再

戰而殲其酋賊奪氣不敢犯合肥於是州縣咸倚任之俾與諸軍聲勢聯絡毓衡益勤奮每臨陣所向皆靡自廬州失守諸軍逃潰逆匪素恨之聞其孤立至是率悍黨圍困其後糧盡援絶毓衡知不可爲椎牛饗士令皆醉謂衆曰此吾輩報國之日也突入賊營當者皆斃於刃下賊蝟集血戰經時三盪三決回顧團丁死亡殆盡僅存親兵二十餘人而自亦創甚血殷袍幅閒下騎北向再拜曰臣力竭矣方欲自刎而有黃衣者突至毓衡即躍登馬背奮呼殺賊親兵復鼓勇邀擊賊悉授首而

親兵亦無免者旋即自以戈陷胸死經曾節相奏聞奉
部咨照馬兵例給卹勞績如此之大給卹如此之薄後由忠義局稟請
李少泉中丞復疏給卹從優始照廩生陣亡例毓衞以
一介書生六年團練卒因衆寡不敵隕命疆場而部臣
給卹惟以資格定厚薄假令當時隸卒輩擒獲洪秀全
循例論賞文則九品武則千總而已無怪乎英雄意冷
豪傑心灰草莽中眞有經濟者安吾素而守吾貞決不
從軍以圖微員末秩也
合肥周盛波軍門兄弟三人均有勇力長盛華次即盛波

三盛傳並遇異人教以擊刺行陣之法當髮匪東下盛華率團守禦時凶鋒虐燄廬郡淪陷賊逼鄉民蓄髮隱懷退沮獨盛華會集族鄰曉以順逆喻以利害於是民心渙者復聚協力嚴防因此賊甚銜之其鄰有僞官馬千祿屢引悍黨來撲皆被盛華挫殺多多廬郡有藍逆乃渠魁也視盛華與馬賊相持時率萬衆突至盛華手刃數十賊無敢近者繼以刀鈍不可入賊以長矛奮刺之陷其胸盛華猶躍起丈餘而死練丁亡五十八人有李長勝者最驍勇是日救盛華於陣中三入三出賊圍

繞力戰得脫甫回營倚土牆嘔血而僵然鬚髯猶磔張也賊破村焚掠慘酷盛波之妻李氏亦罵賊被殺盛波憤兄志之未成義不反戈聯絡各團設伏卒將馬賊擒斬涕泣誓衆曰今日庶少報兄仇矣時盛傳積功官至記名提督因招盛波管帶盛字營所向克捷恢復蘇常揚徐亦以記名提督用兄弟均躋極品可謂榮矣乃盛波悲其兄殉節不忍湮沒特求李宮保奏 聞奉

旨追贈盛華游擊銜照陣亡例給卹按吳毓衡以秀才殉節覆奏從優給卹僅照廩生例周盛華以布衣殉節追贈游擊銜何以厚薄問竟如雲泥懸殊也緣盛華兩弟均躋極品

兼有李宮保具疏故給卹破格從
優蔭云朝裏無人莫做官良然
錢塘劉鍾祥以翰林改官刑部主事旋請假回籍值賊酋
李秀成再逼杭州王有齡中丞稔知主政誠篤委其率
團防守花園村等處賊分四五萬眾來撲友人以鋒凶
勢大而主政非守土官勸其挈眷他徙不然是猶以卵
投石以指撓沸未有不焦没矣主政勃然曰危急至此
妻孥存亡聽之可也吾當効死以酬　國恩仍苦戰無
稍恇怯迨賊焚殺益慘團民死傷相枕主政亦受重創
襟袍遍血痕謂鄉人曰事已決裂特不願以賊刃污吾

頸耳遂投河殉節時咸豐十一年九月二十五日也

杜琢章以進士任貴州黃平州性廉謹尤多幹略文牒盈前片言立剖案貴州自咸豐初楊龍喜跳梁以來醜類實繁有徒兼以游勇逃兵及苗匪出沒於叢箐邃谷間時而肩挑背負民也時而豕突狐鳴盜也時而東奔西散民也時而百隊千羣又盜也言撫則陽順而陰逆言剿則此亂而彼聚其叛也無迹其合也不測旋滅旋興旋衰旋盛似此鬼蜮變幻豈惟提鎮誅之不可勝誅即州縣防之亦不可勝防耳戊午賊忽竄入黃平城吏役

逃亡人煙斷絶或勸君暫避他寨君叱之去懷印衣朝
服坐堂皇上左右僕從僅二人君召渠魁責以大義示
以後禍渠魁亦默然忽旁賊以矛刺君君詈之整冠而
死焉僕從亦殞命事　聞　賜恤典如例入祀昭
忠祠蔭雲騎尉君號寶田樂山縣人與予交相析疑問
聞其殉節予恐日久而湮没也作俚句
誌之詩云戊午十月二十九妖星墮地走鷄狗黄巾夜
檠山賊來黄州城大如斗城頭月黑烽火紅州衙擊
鼓聲鼛鼛欃槍狂飈賊如蝟疾風亂捲驚飛蓬事起倉
卒難防備武臣束手儕鼠竄處頭苟生一命官府聽情
激動天地整纓危坐臨公堂門陳人袁鬚眉張哀哉狐
鼠昧天意一時奮臂同螳螂持刀殺君君不顧猩紅血
染朝衣污雙眸炯炯飛電光至死心猶震餘怒皇威
宣布幺麽平紳耆痛哭陳衷情一死棺淺土受封賞遺屍

重得顯梟鄉鳴呼常山舌雎陽齒當年罵賊同一死草間偷活彼何人軍門傳首魂應恥

多隆阿將軍戰功卓著身之所臨無不出民水火而秦中百姓尤感戴焉蓋逆回未經鉅創迨數年公入陝後每戰輒斬獲無算諸回畏若天神至以公名怖小兒啼後以捻匪陷盩厔公督隊攻城中礮陣亡民聞之皆巷哭鄉間多肖像以祀猶山東人之於僧忠王也嘗讀胡文忠與公書云聞兄日夜憂勤又身在礮子中經過甚爲馳念行兵貴審機以待戰尤貴蓄銳以待時大將自臨城下四五十步縱不自惜如軍事何如國事何且吾聞

臨陣而不避矢石不避槍礮謂之勇未聞城下仰攻我動彼靜我勞彼逸我無備彼有準從礮子經過而謂之勇也天下强兵良將本不易得若再不自尊重則東南半壁何以支持云云公卒坐此病以罹於難文忠其知言哉公籍滿洲字禮堂謚忠勇

浙江諸暨縣包村耕民包立身慷慨倡義集團禦賊遠近爭附之聲勢甚壯累敗賊衆渠魁誓不滅包村不已同治元年三月侍逆率羣寇以攻包村環二十里爲營立身相持四五月斬獲無算因無穀米團民數萬舐糠飲

血並無投降者七月朔賊用隧道攻之村陷立身中礮亡其妹美英手刃數賊自刎死父母兄弟妻嫂子姪十五人皆被殺及包村殉節官紳男婦統計一萬四千七十七名據採訪忠義局查明具稟巡撫蔣益澧由蔣中丞核實奏

聞飭部從優議卹以慰忠魂查包立身一農夫耳未嘗涵濡詩書習聞古今忠孝之事乃逆燄滔天竟同嚮義者一萬四千餘人斷脰捐軀而不少挫其志似此奇節偉行洵足挽末俗頹靡之風而彰

國朝教育之美矣

同治元年閏八月初四日曾公國藩左公宗棠李公鴻章
奏覆福建督糧道趙景賢於三月十八日在蘇遇害當
查死節各情僉稱去歲被執到蘇後該逆誘逼相從遂
肆口謾罵僞慕王譚紹光曰汝死期至矣景賢仰天大
笑曰求之一年而不得者今何幸也賊取洋槍擊其胸
而殞云云案趙景賢坐困湖州糧盡援絕軍民剝樹皮
掘草根以食猶能擒斬賊渠自咸豐三年奉　旨辦
團忍飢耐戰而士紳中雖有同心效命如景賢未有嬰
城堅守如景賢之久者其在賊營多方誘逼漠不爲動

所作絕命詩有亂刃交揮處危冠獨坐時以見大義凜凜終能尋約可謂皎然不欺其志也核其死事顛末洵屬忠貞蓋仙無愧完人矣

族子常愿於西山鐵樹宮訓讀癸丑賊酋林鳳祥晉天養等分竄豫章道人謂常愿曰賊圍省城矣常愿瞠其目俄頃又曰賊至山麓矣危坐不動賊刃之道人紿賊曰此吾廟中擊磬鼓之賤役者也曰否吾秀才鍾劍潭也道人復紿曰彼嘗病狂又曰否我爲宮潔淨丹府澄清何病狂之有賊奇而釋之曰予視汝非凡人也而老於

諸生子將薦於王以展其才大駡曰吾不能詭合於俗豈從鼠賊乎遂遇害案常愿性拘謹然此舉亦殺身成仁者

皇朝瑣屑錄卷三十五終

皇朝瑣屑錄卷二十六

嘉州　鍾　琦　泊農

剛直二十則

聖祖登極因旱求直言新例流罪皆徙烏喇　詔九卿會議沈文恪公荃謂烏喇距蒙古三四千里地不毛極寒人獸凍輒斃徙流罪不當死不應驅之死地乃獨爲疏上之有　旨謂新例已定文恪持前議益堅且曰臣此議行三日不雨者願伏欺罔之罪　聖祖方沖齡改容納之越二日大雨盈尺新例竟罷

康熙辛丑會試揭曉後一榜人物先令王公大臣看驗時馬觀察維翰軀幹短小挺立不跪提督隆科多呵之曰不料渺小丈夫風骨如許對曰區區不跪尚未見維翰風骨也後以給事中轉建昌道忤總督直揭部科可謂薑桂之性至老不移

彭古愚鵬康熙甲寅閩變賊欲污公公罵之賊怒擊齒盡落後宰三河仁而廉日餐虀粥　御前放鷹者至縣使來索陋規公鞭之入爲給事中劾考官不公有請斧鑕臣頭縣太學以謝士語生平之直節清聲不亞於折

檻朱雲投錢仲山也

國朝諫臣首數彭鵬郭琇至孫文定公嘉淦以自是箴
高宗袁銑以寡慾規　宣廟昌言主德風棱卓然
蓋古之遺直矣以余所聞嘉道之間蘇廷魁陳慶鏞朱
琦爲諫垣三直又合浙江金應麟世稱四虎稍後王侍
郎茂蔭鍾學士佩賢袁端敏甲三亦復危言讜論不避
權要端敏至劾及某郡王暨侍郎書元雖　文宗亦
以爲太甚非所宜言然猶摭某郡王以罰同治間張盛
藻論同文館邊寶泉參李伯相進瑞麥及游沈二君諫

停園工諸疏皆剴切可誦　主聖臣直亦遭其時然也

掖縣李侍御森先巡按江南誅鉏豪右有海忠介之風中讒被逮（按李自選御史兩經革職俱起原官後又以吳言事謫戍尚陽堡尋赦還至是已四黜矣）民號泣攀送者數萬人既登舟僚屬相顧揮涕松江知府李正華最後至攜一酒瓢滿酌送侍御曰吾曹期不愧天日不愧朝廷不愧百姓耳成敗利鈍造物司之今日之行榮於登仙諸君何至作楚囚相對耶侍御爲掀髯大笑正華獻縣人守松多惠政王漁洋稱爲近日廉吏之冠宜其與侍御臭味相孚與

韓文懿公菼當廷試日吳三桂逆釁已萌公對策力言三藩當撤無少顧忌祭酒阿理瑚請以故相達海從祀兩廡公謂海造國書一藝耳未合從祀之典御史鄭惟孜請令國子生回籍應試公疏言太學一空非京師首善之義此三事皆建白侃侃不阿流俗公立朝數十年讜言直節尙不止此世徒以經義相推尙即有懷堂文集亦在若顯若隱之間吁可慨已

康熙朝翁尙書叔元受相臣指劾睢州湯文正公長洲何義門上書請削門生籍鄞縣姜西溟亦移文責之一日

傳徧京師拔是時叔元方隆隆炎炎何姜皆沈閼未遇非讀書養氣那得如許風骨

康熙初元　上在諒闇百官奏事者見顧命輔臣皆長跪時少司馬楊雍建方爲言官獨立談不屈輔臣目送曰此南苑上書諫獵者也蓋指公順治間官兵科時事公諤諤敢言嘗上疏請愼起居請弭天變請除廣東八害　兩聖人皆優旨答之王文簡公嘗云　本朝諫官以以齋爲第一以齋公別字也

武進管侍御世銘在臺垣負抗直聲一日與友人酒坐時

和珅以伯爵官大學士衆譽伯揆無虛日侍御被酒大言曰諸君奚爲者吾方有封事衆皆駭愕是夕侍御歸邸舍被毒遽卒見姚椿所作管侍御唐詩選書後姚聞之洪稚存太史子符孫符孫得諸太史太史與侍御同里友善其言當不謬

和珅柄國時其家奴多乘高車橫行都市無所憚湘鄉謝侍御振定方巡城遇焉捽而鞭之火其車於衢世稱燒車御史後二十餘年侍御子興嶢以固始縣令膺卓薦召見　上從容問曰汝即燒車御史之子乎不數月

特旨擢成都知府

乾隆五十七年和珅方執柄兼步軍統領遣番役四出詗事攜眾持刃横行城鄉官吏莫敢問尚給彼酒餚忽至博山縣醉飲恣肆知縣聞即捕之至庭不跪以牌示知縣曰吾提督差也詰之曰牌令汝合地方官捕盜汝來三日不謁吾且牌止二人而汝卒多徒何也擒而杖之知縣卒以是去官博山民若失慈母而和珅遂亦不復使番役出京師蓋知縣事者偃師武億虛谷先生也當日和珅勢燄赫赫炎炎官吏見番役莫不賄贈惟先生

擒而杖之足徵其剛直嚴毅不畏權奸處又挨先生遂經學攷證金石多精論卓見循吏儒林相表裏如是哉綦馴良之異政豈可不與讀書人謀之

乾隆間御史曹錫寶劾首相和珅家人劉全倚勢營私家貲豐厚爲同郡某侍郎漏言和得部署彌縫奏　旨勘查無蹟曹亦尋卒　仁宗親政和珅下獄賜死

諭云當和珅聲勢熏灼舉朝無一人敢於糾劾曹錫寶獨能抗辭直奏殊爲可嘉不愧諍臣之職今和珅治罪後查辦劉全家產竟至二十餘萬之多是曹錫寶前

此所劾信屬不虛應宜優獎以旌直言著加恩追贈副都御史其子照加贈官銜給予廕生方劾和珅時聞者咸咋舌中外爭欲識曹御史見國史傳

常熟蔣伯生大令因培宰山東多惠政初至汶上父老稱蔣公子（按因培父瞻岵先知是縣卒官）會巡漕御史某家人婪索供給勢張甚所過或趨承惟謹抵汶上君方詣行館謁及門聞詬厲靡知橫行狀使止屏外揚聲慷慨而言曰公奉天子命來因公過境凡適館具餐所應儲峙有司爲東道主何敢怠忽今乃縱厮養無狀乃爾乎是藐功令

也因培亦　朝廷命官藉功令者而顧覥顏奉之非
夫也遂令撤所張鐙及供膳拂衣徑歸御史遂中夜倉
黃去後事發以賄賂牽連者數輩東撫以君事上聞奉
硃批此人可嘉之至由是君疆項之名籍甚遐邇矣
純皇帝幸灤陽有隨侍太監某滋擾民閒時熱河巡檢張
若瀛者桐城相國文和公族子也撫以善言太監愈咆
哮若瀛乃呼役縛之立加大杖直督方敏慤公聞之大
驚曰張某瘋矣亟上章劾奏　上察其情謂侍臣曰
非太監恣行不法若瀛安敢爾其人殊有家風朕甚嘉

之因
特旨越七階擢同知而太監遣戍鐵輔民庶
歡聲若雷敬按　純皇帝德媲堯舜此不過大度之
一端若張若瀛者綏弱鋤彊其膽識直出制府徵懲公
上百僚之底乃有斯人亦足傳也
武進莊侍郎存與性廉鯁典浙江試巡撫餽以金不受遺
以三品冠受之及塗從者以告曰冠頂眞珊瑚也直千
金公怒曰何不蚤白馳使千餘里返之爲講官日
上御文華殿同官者將俟　上起講儀畢矣公忽奏
講章有舛誤臣意不謂爾也奉書進講琅琅盡其指同

宮大驚　上為少留領之

同治庚午正月游侍御百川以雪澤愆期日食遞見請增修　聖德一摺中有云查道光年間　國家廣庶富之業內而廷臣外而督撫率以粉飾太平為務州縣習於侈汰以能逢迎者為良吏以多機械者為幹員吏治既頹亂機斯伏等語奉　旨褒美之直言無隱之臣際虛懷納諫之　主為古來所罕覯也

同治二年十一月弘德殿大臣倭仁祁寯藻李鴻藻等具疏恭讀本月十四日御史劉毓楠奏請崇尚節儉屏絕

浮華一摺奉　上諭羣賊充斥百姓流離正君臣交
儆之時非上下恬熙之日我兩宮　皇太后痛念
山陵未安民生未奠孜孜求治宵旰不遑所有內廷
供奉業已隨時酌減爾中外大小臣工宜體此心及時
振作共濟艱難毋蹈奢靡之習貪耳目之娛用副　朝
廷崇實黜浮之至意等因欽此中外臣工仰承　訓
誡敢不力求儉約矣而臣等猶有過慮者　皇上沖
齡御極智慧漸開當此釋服之初吉禮舉行　聖心
之敬肆於此分風會之轉移即於此始則玩好之漸可

慮也游觀之漸可慮也興作之漸可慮也嗜好之端開
不惟有以分　誦讀之功而海内之仰窺意旨者且
將從風而靡安危治亂之機其端甚微而所關至鉅方
今赭寇雲擾蒼生鼎沸誠如　上諭正君臣交儆之
時非上下恬熙之日也伏願　皇上恪遵　慈
訓時時以憂勤惕厲爲懷事事以逸樂便安爲戒屏玩
好以節嗜欲愼游觀以定心志省興作以惜物力凡
内廷服御稍涉浮費概從裁汰雖向例所有亦不妨量
爲撙節如是則外物之紛華不接於耳目詩書之啟迪

益斂夫心思將見　聖學日新　聖德日固而去
奢崇儉之風亦自不令而行矣云云洪惟　毅皇帝
冲齡嗣服躬逢殷憂上賴　七廟眷佑之靈入奠
兩宮思齊之教卒能殄殪兇徒廓清氛沴維時皋夔
布列周召夾輔凡杜漸防微莫不崇論閎議直言無隱
諸大臣固忠君愛國然亦仰見　毅皇帝虛懷翕受
勵精圖治之心矣
同治六年夏大旱鍾學士佩賢抗疏請納直言以資修省
有云伏覩近者夏同善諫　幸惇王府第　諭旨稱

循舊章以折之倭仁諫修同文館　諭旨令酌保數
人另立一館以難之此二事在　聖主原有權衡而
羣臣遂不無疑惑謂　朝廷開言路之時而迹似杜言
者之口謂大臣盡匡弼之義而轉使有自危之心臆揣
私度未能相喻誠恐敢言之氣由此沮唯阿之習由此
開此臣之所大慮也奏上　優詔容納從繩之風于
今爲烈矣
圓明園爲前明懿戚徐偉別墅舊址康熙間改名暢春園
世宗在潛邸時　聖祖命於園中闢地築室以爲

讀書之所並　賜名圓明雍正後遂無復暢春之稱
矣大內亦有暢春園圓距平則門二十里　列聖避暑巡
幸歲駐蹕數月以爲常咸豐庚申西事孔棘津門被兵
靈囿曲臺付之回祿我　文宗皇帝在天之靈有隱
恫焉同治初政滿御史有建議修復者　嚴旨切責
十一年廣東奸民李光照覬覦富貴具呈內務府請報
効木植重修淀園　穆宗聖孝邁恆正思　兩宮
聽政過勞無娛游休息之地因俯從光照請其實光照
乃赤貧無賴輩以近侍爲護符得游歷川楚滇黔諸產

本之區怙勢勒索逞欲漁利也幸　聖智如神卒破鬼蜮買梵照於法閭閻獲免騷累當園工議興中外錯愕惟沈侍御淮首上書直諫有蘇軾危言龔端讜論之風　上震怒繼而游侍御百川亦力爭諤諤數百語　上雖未遽收成命卒罷經營而戇性犯顏未加譴責　主聖臣直亦遭其時然也

同治朝御史賈鐸以敬抒愚忱具疏伏查同治十二年七月二十二日　上諭本年釋服後除朝廷大典均照常舉辦外至萬壽禮節向有賞王公大臣聽戲筵宴著一

併停止俟　山陵奉安候旨遵行等因欽此仰見
我　皇上孝思純篤崇實黜華之至意乃近日風聞
內務府太監演戲將進貢紬段裁作梨園衣服每一日
賞費千金竊思　皇上自咸豐十年以來險阻艱難
備嘗之矣旋以　沖齡踐阼全賴兩宮　皇太
后勵精圖治況值逆氛猖獗生靈塗炭之時方將
宵旰不遑何暇演戲爲樂臣再四思維或係太監等任
意妄談抑或內務府官員藉此逢迎爲侵漁肥己之計
道路傳說恐中外軍民觖望所關匪淺請　旨密飭

速行嚴禁庶朝政可期整肅云云又御史劉毓楠以崇尚節儉具疏查國服期滿梨園演戲原爲例所不禁惟現值逆氛未靖海內騷然三軍蹈鋒鏑之危百姓動流離之歎 皇太后 皇上宵旰憂勤凡在臣工皆宜奮勵共濟時艱若仍徵逐靡曼相事恬嬉何以起衰頹而返樸素云云同治六年夏內閣侍讀學士鍾佩賢附片具疏再儉爲美德而在今日尤爲急務軍興十餘年帑藏空竭民力凋殘勸捐抽釐皆權宜不得已之舉羅掘雖盡猶不足以供軍餉此時略有儲積皆閭閻

瘡痍之餘朘其膏血而入之府庫者也斯即省嗇而用之仰窺　聖主之心已惻然其不忍乃臣聞近日宮廷費用廣而傳取多較前增培我　皇太后
皇上躬行節儉萬無崇尚浮靡之理第恐奔走人員藉事鋪張以難得之財為無名之費夫逸豫玩好其端甚微久而久之浸淫遂至於不可止宜朝夕怵惕方能預絕其萌應請飭下內務府大臣隨時查核凡用款酌從刪減以仰副　聖主痌瘝在抱崇實黜華之至意云云按唐虞之盛也君臣不忘夫都吁交武之隆也上

下共失以勤恤誠以出治者君固宜惕於上而輔治者臣尤當儆於下也我朝言官於時政得失不避忌諱縱偶語失當　皇上不加譴責蓋治莫要於求言德莫大於從諫所以御史學士諸君子盡心獻替悉意指陳矣

皇朝瑣屑錄卷二十七

嘉州　鍾　琦　泊農

徵糧附雜賦三十三則

順治二年平定江南田糧科則悉用萬歷中定額起徵

順治四年復徵九釐地畝銀此始於明萬歷四十六年加徵邊餉銀每畝三釐五毫四十八年加五釐五毫合之為九釐地畝銀

康熙二十九年奉　上諭蘇松浮糧朕刻刻在心此故明弊政豈可踵而行之其會同六部九卿及科道詳議

以聞按康熙四年巡撫韓世琦首議請減此疏所云病民最爲沈痼十年巡撫瑪祜給事中嚴沆十一年御史孟雄飛十二年都御史吳正治十三年布政使慕天顏二十一年給事中任辰旦二十四年巡撫湯斌先後陳請二十八年二月奉　旨蘇松浮糧由故明加增部臣郎速開摺具奏至二十九年復有是　命足徵　聖祖仁心仁政意欲裁減浮糧然彼時大臣仍以舊額横踞胸中不應裁減叠次覆奏何以吳逆跳梁時司農加徵田地每畝三錢每石三斗又不言舊額乎但據全書所載有

一項之編徵卽有一項之撥額定限考成必責全完否則參罰隨之按司農膠柱鼓瑟並不念及閭閻追呼敲扑之苦毛遂有言曰碌碌諸公因人成事者今司農因人而不成事直是酒囊飯袋不僅碌碌而已矣

案康熙元年至四十四年所免積欠錢糧共九千萬有奇五十一年又免地丁銀三千三百萬有奇且康熙初河工海防及三藩盤踞七省蹂躪數百州縣正供多未徵收乃至四十八年戶部庫銀尚餘五千四百萬見吳熊光伊江筆錄乾隆朝平定西域西藏大小兩金川所費

不貲四十五年以前又普免天下錢糧四次戶部庫銀尚餘七千八百萬見曾文正公奏疏五十五年已前又免錢糧兩次而戶部庫銀尚餘八千萬見洪北江庚戌祝釐詩云免錢糧免錢糧四次兩次看謄黃今年詔下恩光厚普免正供由　萬壽又云大農錢粟雖頻散耕九餘三積儲慣戶部銀仍八千萬以此證之可見國朝當承平時亦玄泉流紅腐山積而人民在堯天舜日中度光陰矣

國初蠹胥奸里以鄉愚不諳賦役代納錢糧勾結倉夫豆

剖瓜分康熙二十年大吏創爲紙皁木皁然滋擾如故旋罷之盧元昌詩有紙皁行云有皁有皁攜紙皁畫成三寸么麽小此皁捉人叱怪哉皁捉皁兮尤絕倒狗亦不吠鷄不鳴二皁到家家盡驚五月若無新穀賣餓隸索酒恥空餅刻木爲吏事有無刀鑴墨潑充追呼藍門鴟面今休繪怕煞沿街虎皁圖

前明自魏忠賢擅權恃勢其義子門生家槩不承差而城鄉黠巧者往往依附該輩寅緣閃避其樸魯農民坐罹法網簽點所及傾家蕩産凡逢編審雖有田地自甘棄業遠颺此惡俗傳染至順治朝尚未革盡康熙二十四年定均田均役法嗣後戸不分等役盡歸田按田編銀

以銀僱力從此田田有役人人無役安生民樂利復何徭役之足云迩自同治光緒間重編保甲雖練團募勇修城積穀乃因地制宜爲守望相助之義無暴歛横征之煩不可以言役亦不可以當役也

雍正初年用怡賢親王言減蘇松一道地丁銀四十五萬兩南昌一道十七萬兩乾隆二年又減江浙兩省地丁銀二十萬兩核算乾隆朝凡蠲七省漕米者三普蠲天下地丁銀者亦三前史未有也同治三年東南大定江蘇巡撫李肅毅伯奏減蘇松太漕米五十四萬餘石浙

江巡撫左恪靖伯奏減杭嘉湖漕糧三分之一

兩宮太后立允所請　滂恩大愷益久愈深等百世而溯三古莫與比仁矣

國朝雍正二年禁草糧長每歲開徵給發滾單令民自行輸納既杜經催之侵漁更免胥役之紛擾雍正五年文設丁隨糧轉之例其法照賦攤派而有田者樂於輸將無糧者不得累欠沐浴　恩波當與湖海同浩蕩矣

雍正三年攤徵人丁於賦中遇閏加編銀六年准總督田文鏡奏概以加一納耗各官養廉公費於此取給焉案此

款乾隆元年每兩秖收五分此隨正五分之始如果各州縣恪守定
例不私增火耗水色冗費陋規則野無不耕之土戶無
不完之租民力裕而吏治清國帑充而軍儲足矣
雍正間議將地丁耗羨酌給養廉當時有識者謂今日正
賦之外又加正賦將來恐耗羨之外又加耗羨故一百
五十年以來錢糧耗羨有增無減不出前人所慮蓋貪
官污吏視所加者爲分內應得之數以所未加者爲設
法巧取之欵也
國初開墾之弊自州縣至督撫俱需索陋規致開墾之費

浮於買價百姓畏縮不前往往膏腴荒棄雍正元年奉
上諭嗣後各省凡有荒棄之處聽其相度地宜自墾
自報地方官不得需索胥吏亦不得阻撓至水田仍以
六年起科旱田以十年起科從此爲定例以見 國朝
之闓澤覃敷深仁普洽矣
戶部則例各省報墾田地分別升科蓋卹試種之艱難故
展其陞科之期限也江浙自同治三年肅清至同治七
年徵收漕賦寥寥緣兵燹後膏腴盡成榛莽人民流亡
甫復耕牛農具無存墾田之款與人借銀一兩按月出

息五六分官吏祇顧考成兼圖陋規漁利凡視新墾田地勒令起徵閭閻以稱貸未償催科又迫遂以爲奔走勞苦無利而有害不若聽其荒蕪以免賠累於是山麓土壤更變爲萑葦故四年間無人承種是急陞科之期而新墾者有限罹陞科之累而不墾者無窮也太僕寺卿彭祖賢具奏請緩陞科嗣後有願認荒地開墾者無論土著流寓悉照戶部則例水田試種六年以內旱田試種十年以內錢漕槩不起徵儻州縣違例陞科書役藉端需索一經查出即由督撫嚴行參究有此寬政農

民無不踴躍從事將見草萊盡闢而正供可漸期足額矣奉 旨允行

定例州縣册籍原載圻段四至不清者丈欺隱牽累有地無糧有糧無地者丈畝步不符賦則浮徵者丈旗民鹽竈以及邊地漢夷交錯者丈壤界相接畛域相紊者丈荒蕪召墾寄糧分隸（田在此邑糧寄彼縣）者丈水衝沙壓亦有坍塌者丈公占（開渠築隄占用民地）應抵（以他地撥抵）地應豁（豁除）糧者丈凡量丈部頒弓尺廣一步縱二百四十步為畝（方廣十五步縱十六）步有司於農隙時親率里甲履畝丈勘以定疆界杜占

爭均畝賦有滋擾及徇私者罪之近年幸無此舉若下鄉丈勘而今日之里甲良者不當當者亦不良勢必輕重其心上下其手爲所欲爲矣

直省戶口田賦以乾隆十八年奏報册計之得戶三千八百八十四萬五千三百五十有四口十千三百五萬五千有六十二民田七百八萬千一百四十二頃八十八畝賦銀二千九百六十一萬千二百一兩糧八百四十萬六千四百二十二石各有奇草五百十有四萬五千五百七十八束

定例編審直省戶口以五年為期州縣官通稽境內民數近三十年以來州縣凡逢編審胥吏需索牙行惟將陳年保甲冊以塞責每百有十戶推丁多者十人為長餘為十甲甲繫以戶戶繫以丁編冊具陳督撫達部部彙疏以

聞凡人丁計口出銀以代徭役前代相沿載在版籍者曰徭銀自昇平歲久生齒益繁康熙五十二年迺因

恩詔以五十年編冊為率永免增丁之賦雍正二年以冊存見數按直省州縣均入田賦代輸其無田之戶悉免之間有不便均輸者仍依舊制查直省徭銀均入田賦者二百七十二萬

六千二百十一兩有奇每五年編審丁有滋生徭無加額若田有開墾升科者仍取田賦內代輸徭銀計其輕重而通均焉

浙省錢糧以紹興爲最多浮收弊病亦以紹興爲尤甚山陰會稽餘姚上虞等縣完納錢糧向有紳戶民戶之分每正耗一兩紳戶僅完一兩六七分至一兩三四錢而此民戶則有完至二兩五六或三兩四五者以國家維正之供而有貴賤輕重之別以閭閻奉公之款而爲吏胥侵蝕之資官司以賠累爲虞農民以偏枯爲苦同治

五年浙閩總督左公宗棠剏立章程删除浮收弊病貴賤一律並無兩歧且泐石通衢於正耗錢糧外仍視各縣舊征若干每兩酌留平餘若干以為本地辦公之用既無損上以益下民力自見其有餘亦無裒多以益寡貧家不憂其不足官之征收有定章則上下之交肅民之完納有定數則吏胥之弊除矣

河南額征粟米麥豆廿萬九千餘石同治元年張之萬中丞奏定折色各州縣每米一石折解藩庫銀三兩三錢定價過昂以二兩解部以一兩充軍需以三錢為通省公費

嗣李鶴年奏定陳留等三十三州縣於軍需內減銀二錢公費內減一錢又祥符等四州縣軍需公費全減惟各屬解部銀每石二兩不改外額征漕項十一萬有奇亦不能完淸江西額征正耗稜米七十六萬石湖北額征正耗稜米十六萬四千石湖南額征正耗稜米十五萬石安徽江安糧道所屬額征正耗稜米廿六萬石統於咸豐三年均係折色每石以銀一兩三錢解部自改折色後人民飲和食德熙穰於光天化日下而怡然以樂矣

崑山葉文敏公方靄順治己亥以第三人及第辛丑逋賦獄起士紳同日除名者萬有餘人葉適欠折銀一釐亦被左遷因具疏所欠一釐今制錢一文也（國初鑄錢背有一釐二字以一文錢當銀一釐）時有探花不值一文錢之謠見柳南隨筆光緒間新建胡公家玉性忠鯁端愨官兵部尚書軍機大臣 宸恩渥寵將得協揆其族人在本籍恃勢抗糧兩江總督劉公坤一據該縣稟直陳 御覽奉 上諭胡公降五品 國朝慎重度支如此見邸鈔近世有破天荒偶膺鄉薦者其兄弟子姪於鄉黨志高氣揚且地方

公欵把持侵吞甚至賦稅亦欲藉門戶而抗欠纒以嚴
刑擬以徒罪亦非慘酷矣
江南通志江南賦役百倍他省而蘇松尤重六約舊賦未
清新餉又迫積逋常十萬巡撫朱國治造欠册達部悉
列江南紳衿一萬三千餘人號曰抗糧盡行褫革發本
處枷責後大司馬龔鼎孳特疏請寬奏銷有事出創行
過在初犯等語龔與朱相形一仁慈一慘酷不啻天淵又按上海縣志當
時上海諸進士王又洴趙子瞻葉映榴杜登春朱錦潘
堯中陸鳴珂朱廷獻等俱在褫革枷責之列案國初巡撫江南者

朱國治土國寶提鎮松江者吳兆勝李成棟馬逢知皆是屠伯武夫桀橫暴虐旋踵誅夷俱不容於堯舜之世惟朱國治死於滇難然國治於江南錢糧之案羅織紳生監萬有三千凡欠課一二錢或三四分者盡罹法網吳三桂反時雲南凡抗節不屈者皆拘禁不殺而奉使侍郎哲爾肯等且賫疏還朝乃獨首殺巡撫朱國治梟首徇衆因其平日素失民心殺之足以爲名也事後尚得與甘文焜范承謨並蒙贈恤倖矣哉

蘇松太地方爲東南財賦之區繁庶甲於天下而糧漕亦爲天下最重比諸他省有多至一二十倍者良由襲前代官田租額耳嗣於 國朝雍正乾隆間軫念民艱迭蒙蠲減但自道光以來水勢潰蔓田畝崩塌每年徵收正供除官墊民欠僅得七八成及至粵逆竄陷其殘

虐爲他省所未有同治二年光祿寺卿潘祖蔭御史丁
壽昌並有請減江浙浮糧之疏時總督曾國藩巡撫李
鴻章亦以浮糧入告遂於五月奉　上諭似此彫瘵
情形應如該督撫所奏飭司道分別查明各州縣折衷
蠲減用副朝廷痌瘝在抱嘉惠斯民之至意四年又奉
上諭戶部奏遵蠲減章程統計蘇松常鎭太原額編
徵米豆二百二萬九千一百七十四石零共減米豆五
十四萬三千一百二十六石零仍應徵米豆一百四十
八萬六千四百十八石零此後認眞收解不得再有官墊

民欠名目等因足徵　國朝列聖視民如傷與天合
德眞當比隆堯舜迥非漢唐英辟所能及也按此奏立
意原本曾文正因恐部駁是以遲疑謀商李公鴻章劉
公郇膏二公同聲曰此蘇松千載一時之機會適恢復松江太
倉州錯過此渡別無舟耳遂聯名入告得蒙　俞允上
繼　列聖未竟之志下延億萬垂盡之生所以侯門
積慶相種傳弓衍金昆玉友之榮昌桂子桐孫之後矣
咸豐間師旅倥傯徵求竊廣除完正供及津貼捐輸外有
軍需城防夫馬保甲團練諸科派書役因緣爲奸加水色火耗數平解費給

票不在內算九年貴州黎平某知府加田稅激變人民遂勾結苗匪將知府擄去而拘禁之且煽惑僰猓猺獞種類東出西沒竟成蜩螗鼎沸矣見邸鈔十年四川祥藩司以案畝爲名每兩糧浮派銀五兩激變綏定等處十二州縣率衆圍城十一年駱中丞接督篆叅革祥藩司委員安撫始解散不然一波未平一波又起也見駱文忠奏疏案古者田必量乎土之肥瘠與年之豐凶稅必視乎人之多寡與地之遠近所以正供酌中定制取什一之法苟增於什一之外則病民難乎爲下矣苟減於什

一之丙則病國難乎爲上矣什一者至公至允故君取
一則不歉於入民取十亦不苦於出足國即所以富民
安上即所以全下不然東酒西漿南箕北斗之詩紛紛
而作也
同治間山魈澤魅不時竊發因庫款支絀於元年七月奉
上諭豫徵次年糧銀以給軍需案唐代宗廣德二年
稅天下地畝青苗錢所謂青苗錢者以國用急不及待
秋方苗青而徵之故號青苗錢顧亭林遂爲後代豫徵
之始然北史魏肅宗孝昌二年國用耗竭豫徵租調則

北魏已開其端不始於唐代宗矣　國朝雖豫徵不過
豫徵次年而已故人民無疾首蹙額之嘆若宋秦檜私
增民稅又借一歲借二歲甚且借三四歲而明崇禎時
科臣督徵本年甫完借徵次年次年未完又借徵三年
以視　國朝有天淵之別噫彼宋明是竭澤而漁無
怪乎日後無魚矣
雍正十三年十二月初六日　上諭民間買賣田房例應
買主輸稅交官官用印信鈐蓋契紙所以杜奸民揑造
文劵之弊原非為增國課而牟其利也後經田文鏡創

爲契紙契根之法預用布政司印信發給州縣行之以致書吏貪緣爲奸需索之費數十倍於從前川省至今尙行之而攬爲縣戶科尤以契紙爲利藪徒飽吏役之壑甚爲閭閻之累不可不嚴行禁止嗣後買賣田房著仍照舊例自行立契按則納稅嘉慶間定例田房恐多轇轕投稅者以半年爲限期若逾半年始以隱匿論地方官不得額外多取絲毫將契紙契根之法永行裁革至於活契典業者乃借貸銀錢原不在買賣納稅之列嗣後聽其自便不必納稅用印而取銀錢云云仰見我　世宗憲皇帝宵旰焦勞洞燭靡遺之至意無如當日督撫

不破除情面力戒顢頇往往視爲具文空言塞責所以契紙契根而流弊滋毒於今日尚未剗盡也

國初山東有竈地有民地每畝征糧輕重不同本一地也在官則運司徵竈糧在州縣則徵民糧甚至運司代竈民而與州縣爭州縣代庶民而與運司爭是一地而納二糧也則病民其實運司徵竈糧竈戶則詭其地而爲民州縣徵民糧民戶又詭其地而竄於竈奸人並不納一糧也則又病國順治十六年更正經界

直省學田其賦卽在州縣糧册中惟佃耕收租以待學政

撥發間有山塘園屋統名曰田所收有銀有錢有糧統名曰租田之多寡租之輕重原不齊然南北各省學田不下千百頃惟四川學田僅二十三頃有奇

內務府田地共五千七百四十八頃三十畝歲徵銀三萬八千九百二十兩芻十有二萬一千七百九束又莊長田地一萬三千二百七十二頃八十畝歲徵糧九萬三千四百四十石菽二千二百二十五石芻八萬一千九百四十束各有奇由會計司收存凡鹵磽沙瘠不能按則輸將者勘實減半莊長惰修溝洫圩岸另募承充否

則終無以獲灌溉之利杜侵淫之患也

國初畿輔富民攜地來投者各就其地而立莊計莊百三十有二凡畸地而未相瞭不能立莊者並仍其戶計戶二百八十有五又蜜戶三十有八（蜜戶地有四五十畝不等凡六畝徵蜜五斤）葦戶七（葦戶地有六七十畝不等每畝徵銀一分至八分有差內徵蘆葦六千二百五十斤每斤折銀三釐五毫）查各攜地自三十畝（每畝徵銀三分芻一束每束重七斤）至二十八頃有差（此大莊歲徵銀共六七百兩）其以身來投給官地四十二畝耕種者曰繩地人計戶二十有九共地五千七百四十八頃三十畝賦銀三萬八千九百二十兩芻十有二萬

一千七百九束各有奇前載內務府田地數卽當時畿
輔富民所攜來投者
國朝虞人賦役新舊牲丁共二千三百十有二丁賦四千
四百八兩七錢地一千七百七十二頃二十四畝地賦
八千八百六十一兩各有奇凡投充牲丁網戶漁戶獵
戶蜜戶獺戶鶻戶狐戶雀戶鵰戶鵬戶參戶靛戶並鷹
手槍手所佃地土卽以定額之諸物或交廣儲司或交
武備院或交尙膳房均按則折銀準抵正賦又昌平州等處炭丁
灰丁煤丁每丁佃地三四
十畝均以所納按則折銀

國朝　皇莊統計七百八十八所各有等第至於鹵磽
沙瘠不能拨則輸將者勘實大莊改半莊半莊不設莊
長由官招佃凡上等莊歲納豕三中等莊歲納豕二及
內廷歲時祭祀應用黍稷稻秫麻麥粱菽蔓菁薙芥
菜蔬瓢篇之屬共地土一萬三千二百七十二頃八十
畝共賦糧九萬三千四百四十石菽二千二百二十五
石芻八萬一千九百四十束各有奇著　皇子分封各
按爵秩給以莊地人丁公主郡主贈嫁亦如之
國朝南苑果園五所各給地而不徵賦歲納桃李杷柿盛

京果園一百三十六所畿輔果園一百四十八所每園設長以徵之凡計丁者每丁給地三十五畝歲完銀三兩凡計地者投充果園每畝徵銀五分通計丁一千二百六十地一千頃四十畝有奇賦九千二百三兩有奇歲納柑柚橙橘梅杏楂梨榛栗棗棘榴椹柰具備按其直以當丁賦不準抵者照雜徵例解廣儲庫丁充補黜陟與會計司糧莊同園長三年一次編審亦與糧莊同荒歉蠲減均與糧莊同按食果非頤養性命之物何以用丁如此之衆除地如此之廣費賦如此之多緣我

朝入關時念瘡痍未平科歛尤甚先頒輕徭薄賦之
恩詔以解倒懸至前明粃政有無關大害者諸臣不
肯驟然拔盡所慮餘黨煽惑氷山發熖鱷水興波耳
內務府稻田玉泉山十有五頃九十七畝供　上方玉
粒餘田地四十五頃六十七畝歲賦銀二千二百七十
二兩有奇又　御河諸處各產蓮藕均量地薄徵以
供　內廷蒔植花卉之用其餘槩交廣儲司
澤國多魚其漁者皆有稅曰魚課明季多設河泊所大使
以徵收　國朝弛澤梁之禁惟留江西一所廣東三所

共魚課二萬四千四百十二兩有奇

瀕江沙淤成洲之地小民植蘆爲業或治阡陌種麥稻均曰洲田其賦輸於官均曰蘆課以乾隆十八年奏銷册計之兩江兩湖所屬蘆洲共七萬八千九百四十六頃有奇賦銀十有九萬八千二百兩有奇

[illegible]華門口[illegible]

[illegible]之產地[illegible]

[illegible]性無別[illegible]

[illegible]僻處[illegible]

[illegible]擇其鄰[illegible]

[illegible]後解此[illegible]

[illegible]要津[illegible]

[illegible]成則[illegible]矣

[illegible]引[illegible]爲[illegible]

皇朝瑣屑錄

卷廿八之卅一

皇朝瑣屑錄卷二十八

嘉州　鍾琦　泊農

榷稅附抽釐二十一則

國家水陸衢會舟車之所輻輳商旅之所聚集設關置尹掌治禁而通貨賄以佐其經費焉定例財物經過必富商大賈迺徵之分別直有貴賤利有厚薄各按其時地以定應徵之數至閭閻擔負奇零之物免其徵榷查直省稅鏹以乾隆十八年奏銷册計之共徵四百三十二萬四千五兩有奇自軍興以來加釐助餉歲入五千萬

有奇國帑尚且支絀至委員聽信胥吏凡遺漏斤線丈布逼令加二十倍完納商賈舉足罹網移步觸禁風雨停機而傷心衣棉質錢以解纜各委員竟視科條爲愒忚鄉愚之具文由部籌款總想直省多多益善故科條厏厊不能顧也亦不敢顧矣此鄧綰所謂笑罵由他笑罵耳

軍興以來崇文門於應徵稅課之外遇有車輛雖無貨物亦恣意需索若外任來京官員不論行李多寡輒量其缺之肥瘠勒措交銀若干名曰報効即從未來京候選

者亦皆不免定例設關有貨則納稅無貨則放行照章納稅何得謂之報効報効云者葢本無納稅之貨物而强逼輸銀之謂也其後擾累會試公車曾經侍讀學士鍾佩賢題奏雖苛求之風少息然胥吏終不能洗心滌慮矣

洋稅昔無而今有昔寡而今多以光緒十六年而計之江海關則徵三百七十五萬閩海關二百一十八萬江漢關一百七十九萬粵海關一百八萬浙海關九十八萬山海關廿七萬鎮海關一十六萬津海關四十五萬廈

門七十六萬臺灣十八萬淡水十七萬核算十四關每年共徵洋稅銀一千四百一萬兩前定經費七十萬光緒元年總稅務司赫德堅請增已奉

旨加三十五萬又

恩賞四萬八千二百兩定爲每年經費一百九萬八千二百兩蓋奬其綜核之勞也然其間花天酒海而妄費者不知凡幾矣湯心輕重舞手上下者又不知凡幾矣

康熙二十四年罷市舶司於沿海要埠設關監督高璜奏請量船徵收則例於是商稅外按舟身樑頭丈尺科征

定例一丈以內每尺納鈔銀一錢五分一丈以外每尺納鈔銀二錢二分五釐惟往東洋辦銅樑頭一丈以外每尺納鈔銀一兩二丈以外每尺納鈔二兩

海關稅則凡安南商船貨稅進口出口俱以七折徵收東洋商船貨稅進口以六折徵收出口不論貨物概收銀一百二十兩閩廣商船進口出口自三月至八月以七折徵收山東關商船貨稅并各口貨稅俱八折徵收

咸豐八年十一月中西重立和約始定洋貨土貨納稅一次可免各處再收以每百兩徵銀二兩五錢給半稅單

爲憑無論運往何地他子口驗明放行其無半稅單者逢關過卡照例完釐斯乃體恤洋人恩施格外以視華商其獲利厚矣故華商之黠者每每勾串洋人互相朦蔽有代華商領半稅單而取費者有代洋人用洋船運洋貨者有代行運照包送無運照之土貨者譸張爲幻流弊滋多而稅釐暗受其害矣又洋人所轄香港澳門無徵收稅釐之例華商多抵其地以期本輕易售免出稅釐故香港澳門之貨物積如山中國各埠之生涯淡如水貽鄰邦之譏攘外夷之財源所謂爲淵毆魚爲

叢脞爵員由執柄者並無經濟才是以弊端叢生耳

海關新章按照外國月日每三箇月為一結每四結報銷

一次

海關稅鈔並無定額歷係儘徵儘報所有收支按年造冊

送戶部核銷

上海前明設巡稅司並未設關　國朝康熙二十四年

詔弛海禁始設關以內務府司員徵收海船稅鈔六

十一年撤前差　命江蘇巡撫帶管遴員題委代理

雍正三年巡撫張楷具疏上海關前委知縣管稅務而

知縣派家人盤驗殊不慎重查蘇松道堪以委任惟該道爲巡查盜案而設駐劄蘇州竊思上海逺在海隅更爲宵小出没之地若委該道經理税務移駐上海不但税務有專責並可巡查奸匪云云八年蘇松道加兵備銜始移駐焉道光二十三年各國五口通商上海居五口之一於是有新關之設咸豐三年巡道吳健彰以洋税散漫於英法美三國中擇一人在關幫同糾察此舉何異開門揖盜同治元年巡道吳煦設河泊所派英國水師官司其事此輩急於税務多徵多解借助異國盤驗以免隱

匿偷漏耳取一時之效貽百世之禍是猶庸醫治病憐其疾之所至用藥以相逐精神如何不成委頓耶此輩治國大率類是

各國通商均立和約有領事官駐劄埠市計十一國曰嘆咭唎曰咈囒西曰咪唎㗆即美國又稱合衆國曰俄羅斯曰丹麻爾即丹國曰日斯巴尼亞兼管呂宋國曰布路斯曰荷蘭曰大西洋曰比利時曰意大利若瑞威敦等國雖設領事未經立約加蘭等國未立約亦未設領事至於粵東無丹麻爾大西洋比利時意大利所多者

領脈綏林巴西普魯社歐色特鼇阿
咸豐八年新定海關稅則如進口則例已載出口無例者照進口例完稅出口則例已載進口無例者照出口例完稅進出口均未載者論值百兩抽銀五兩金銀錢及家用物進出俱免凡稅則十年重修一次
定例各商上貨下貨必先領監督官准單如違將貨物充公倘有漏報捏報者船主罰銀五百兩未領開艙單擅行下貨罰銀如之秤碼丈尺按照粵海關部頒定式又各國貨物有受潮濕致價低者酌量減稅至於輸稅期

進口貨於起貨時出口貨於落貨時各行按納

同治七年八月御史王書瑞具疏釐局委員由大吏擇人而任然其中有喜事之徒漁利之習自委員而下有司事自司事而下有書差查釐金最忌偷漏故委員於通津抽收外支港皆設卡謂如是而後可以收其利不知適以滋其弊也夫偷漏由於司事書差之貪婪委員之怠惰然則禁偷漏先從司事書差委員始此清其源亦平易可行但大吏不如是耳

洋藥定例除官與兵不准吸食犯仍治罪外其餘聽其買

賣然京師創爲三十六家之限除三十六家雖非漏稅私貨亦不得開設是朝廷立法固爲奸商居奇之計又啟蠹役訛詐包庇之風況認繳釐不多殊屬笑笑

定例城厢埠市凡舟車所輳貨財所聚擇富戶良民授之帖以爲牙儈如絲行藥行典商茶商是也以乾隆十八年奏銷之數計之直省歲課共百有五萬二千七百有六兩有奇

凡設釐局必於通都大邑富商巨賈之區遴選端慤老成之委員斟酌權宜按章徵收乃近來官場於英年利口

之子弟捐納末秩分省聽差惟視釐局爲名利兼收之地一味鑽營百般請託甚至外省無恥之官視本地無賴之生監轉相交結濫司卡隘遇弱者肆毒逞威遇強者聯盟植黨以致窮鄉僻壤搜括無遺背負肩挑苛索不免物價日昂民生日蹙爲害非淺耳其實資軍餉者十之五六入囊橐者十之三四在大僚所慮隱漏故於路歧水港間派員稽查不思委一官而一官弗給薪水乎增一役而一役弗給工食乎又不思此款將盡取之於釐卽不盡取之於釐乎當今此非正供縱有隱漏與

其中飽於官何如藏富於民之爲愈也
軍糈浩繁不能不借資民力故津捐而外刱設貨釐　朝
廷初意不過暫時從權以應急需然昔在商賈輻輳之
區設局辦理近在僻壤偏隅於要隘添卡書差恃勢逞
威搜囊發篋使行旅敲髓灑膏吞聲泣血以嘉定而言
張公橋至杜家塲不過四五里三局有委員徵銀四卡
有紳董驗票大船有家丁稽查哨船有走役巡邏層層
盤詰處處搜括故商賈望見關津有赴湯蹈火之苦今
日者民已窮矣財已殫矣所恃通貨貝之血脈者惟有

商賈不恤之而反病之是欲裕國而適以蠹國耳

國初用兵勦賊所有軍糈惟加賦而未徵釐撥徵釐自予友錢江始江字東平浙之長興縣人負奇才以豪俠自命咸豐癸丑春洪秀全陷金陵江募壯士三千投某副憲營委守萬福橋以保淮陽時某副憲以籌餉維艱謀及江乃始創徵釐議由是各省效之大帥藉以資給至徵釐本意在水漲船高亦非強民以難堪之事無如經手委員常自改章祇知為己營私不顧為國歛怨雖奉

上諭誥誡而積習相沿弗思變計豈知軍興以來賦

車籍馬行齎居送農桑廢於徵求血肉竭於笞箠而猶以已盡之脂膏塡無底之谿壑其困苦非語言所能形容也況髮逆狡詐不惟脅民以威亦且誘民以利爲良則飢寒莫訴從賊則衣食有資鄉愚惛惛憒憒何得不墮其奸計然小醜跳梁能裹脅百萬衆者緣官吏驅之從賊耳惟嚴禁委員勿任意侵漁爲閭閻留一線生路卽爲盜賊減一分來源也

查貨釐以光緒十年十二日邸鈔而核算之除陝西雲南未據報部外江蘇每年約收三百廿四萬兩安徽約收

九十餘萬內徵錢七十萬緡合而計之江西約收一百五十餘萬浙江約收一百二十餘萬湖南北約收二百八十餘萬湖北多於湖南內徵錢一百九十萬緡合而計之福建約收一百九十餘萬廣東約收一百五十餘萬以洋銀折合廣西約收八十餘萬山東西約收六十餘萬山西僅收二十萬河南同洋藥收三十餘萬直隸洋藥約收十餘萬盛京約收二百餘萬以東錢三百餘萬緡折算四川約收五十餘萬光緒十七年以後絡續加徵五十餘萬未算在內貴州約收三十餘萬統計每年約收貨釐一千七百八十四萬有奇報部者如此多多而未報部者亦非尠尠矣

徵釐弊病有法之所及防者有法之所不及防者商船往來與書差漸多熟識竟有勾串以多報少者至偏僻地方耳目所不及可以得賄放行合數船之貨逐一抽之正額無幾儻有小舟而載貴物私自暗縱所得更不足以償所失至徵釐章程有偷漏者查出後或罰三倍或罰至十倍予同治元年奉大憲檄綜理嘉州釐局所定章程完釐而夾帶者罰三倍全行偷漏者罰五倍恃勢估過者罰十倍所罰之款一半充公一半賞給查出偷漏之人自移交委員後遇有商船叢集河道壅塞之時不能徑至局前先於港口停泊聽候查驗者而書差捕風

捉影假公濟私妄指商船在該處陰賣暗圖偷漏而委員假竊虎威恣情鷹摯亦冀罰款可以分肥烹潤夫多一卡多一費尚可言也多一卡多一費並多一弊不可言也罰十倍罰二十倍悉以充公尚可爲也罰十倍罰二十倍名曰充公實則營私不可爲也當此時勢大壞若不將偏僻卡隘分别裁撤是使殘瘁之餘永無蘇息之望矣

古者貨賄自外入者征於關關移之門門移之市所謂征於關者勿征於市也貨賄自内出者征於市市移於門

門移之關所謂征於市者勿征於關也自軍興以來闗
征之門征之市又征之此處征之彼處又征之入城征
之出城又征之盖督責愈急設卡愈多盤詰愈嚴中飽
愈衆多一防弊之法即多一舞弊之門矣

皇朝瑣屑錄卷二十八終

皇朝瑣屑錄卷二十九

嘉州 鍾 琦 泊農

漕運附屯田十八則

雍正六年奉　上諭向來江浙收兌漕糧俱用本地粳米擇其乾圓潔淨者方准交納遇收成稍薄之年該督撫每以紅白兼收為請朕皆允行夫米糧乾潔皆可久貯不在色之紅白且江浙二省戶口繁多而每年應納漕糧將及四百萬石若必拘定本地粳米恐致米價昂貴民間難於輸將朕軫念閭閻凡有裨益民生之計皆

爲周詳籌畫嗣後江浙徵收漕米但擇乾圓潔淨不必較論米色准令紅白兼收籼粳竝納著爲定例

明初海運因元之舊海運不足以陸運濟之永樂十二年海運糧四十八萬四千八百一十石於通州又衛河攢運糧四十五萬二千七百七十六石於北京所謂海陸兼運者此也一由江入海出直沽口由白河運至通州謂之海運一由江入淮黃河至陽武縣陸運至衛輝府由衛河運至薊州謂之河運十三年會通河成遂罷海運天啟以後徐鴻儒李青山相繼爲亂運道梗塞沈廷

揚議復海運然終不能行也　國朝雍正嘉慶間屢有
以兼用海運爲請者然造船設官所費甚鉅故終格不
行道光五年因運河淤塞漕米阻滯大學士英和疏請
暫由海運得以專治內河復經兩江總督琦善江蘇巡
撫陶澍藩司賀長齡等先後妥議海運章程疏請試行
於是僱用商船酌給水腳銀兩合蘇松常鎮太五府州
屬起運漕糧一百四十二萬九千石有奇並白糧八萬
一千五百石有奇巡撫陶澍親自赴滬督辦設局於大
東門外龍王廟蘇松太道潘恭常等幫同辦理以本邑

熟悉船務之紳士董其事自五年冬至六年六月初旬兌竣共裝沙蜑各船一千五百六十二號先後抵津交卸風颿穩利商情踴躍嗣後復歸河運至二十七年運潰決覆淮江浙兩省新漕援照六年成案仍於上海續行海運

凡運米之船有四一曰沙船一曰蜑船一曰衛船一曰三不象船以上各船俱僱商承攬每船裝米三千石至一千五百石不等隨船身之大小驗定派數均以八成兌運糧米二成聽裝民貨免其稅每石給水腳銀四錢耗

米八升承運白糧每石耗米一斗凡船商承運至一千石以上者准給頂帶又承攬之船限十一月集黃浦候兌抵津交卸詳見海運全書

定例有漕各省歲輸糧米共計三百七十六萬四千四百八十八石上供京師爲官兵俸餉所必需自髮捻蹂躪徵運維艱俸餉減成者垂二十年查官員俸米開放五成已覺太少至於兵米僅放二成豈能足食在軍務倥傯迫於時勢減成原非得已所冀髮捻殄滅可復舊章今東南肅清將及十年而有漕各省惟江浙徵運本色

又以瘡痍未復何能足額歲輸不過百萬上下兵米焉敢籌增年年有絀無盈兵丁竟成無米之炊宗室延煦官倉場侍郎於同治壬申具奏請　旨飭下現辦折漕之江西河南及荆湘各督撫自今年冬漕爲始或酌徵本色或籌辦採買倘能湊集三四十萬石運至通州則兵米遂可酌加於京師亦大有裨益云云奉　旨允行然外省各有支絀狀雖輓運亦敷衍而已也

上海朱紹鳳以知縣有惠政擢御史直言敢諫時江浙漕政敗壞按臣秦世禎題請官收官兑每糧百石加米五

石銀五兩以爲兌軍之費後民間所費百石至四十金（國家初定法莫不美善但開一利遂有一弊其後弊多而利少故閭閻未受實惠）紹鳳疏請申明舊制惟於五兩外復加五兩著爲定例若軍有勒索官有增科者以三尺從事會巡按馬騰陞亦力爲振刷民困稍蘇所慮者始而爲除弊設官不知弊即伏於官之中也繼而變法救弊不知弊又生於法之外也其敗壞處在藉口整飭將定章朝令夕改耳

乾隆八年總督尹繼善奏定輸漕一石隨交漕費錢四十八文半給旗丁爲沿途盤剥之需半留州縣爲修倉司

斛人役紙筆飯食等用又腳費四文以外不許多收粒米毫銀漕政肅清軍民稱便焉

乾隆二年 上諭江浙輸納白糧較漕糧費用繁重令該部詳考據奏江浙歲運白糧二十二萬餘石甚屬艱難朕心深爲軫念若太常寺光祿寺以供祭祀及賓館之用在所必需至賞給兵丁可將白糧裁減給以秔米如此則每年所需白糧不過十萬石仍照常徵收起運其餘十二萬石酌行改徵漕糧按明代白糧統歸民運漕糧雖歸軍運亦由民船移交軍船曷勝滋累我

朝不惟漕糧官收官兌即白糧亦盡歸漕船分帶而又
酌減白糧至今東南老稚尚感激　純皇帝深仁厚
澤矣

海運漕糧取其速而簡便也後因黃河水歸故道運路不
通遂歲以糧米航海由津運京淑自元之朱清張瑄本
朝至道光間乃屢行之今則著爲定章無復河運之議
光緒紀元四月劉侍御瑞琪請復行河運具疏云臣查
上年前督臣李宗羲等奏將江北漕米改歸海運原聲
明俟山東治河事定即復向章誠以奏改海運者權宜

之議酌復河運者經久之模也而臣竊有慮者李宗羲
等奏陳江蘇山東境內漕船難運情形皆以黃水南趨
爲害本年山東撫臣丁寶楨督辦隄工實爲不避艱勞
而於南趨能否挽救尚未可知設使黃流別繞仍益南
趨一則淮揚漸受其患欲爲屏蔽之計惟有堵閉然江
蘇境內之艱阻如故也一則北流之水愈少濟甯以北
難以藉資浮送而山東境內之艱阻如故也治河未有
定局來年雖欲復河運奚可得哉今日以艱阻之故而
停河運此後恐因停河運之故以致各工棄弛節節淤

塞而艱阻日甚一日是數百年之運道自此荒廢也是
南北之氣脈自此隔閡也況乎海運非可常恃本年運
糧輪船閒有沉覆之患向之樂其便者將來恐咸懼其
險若不先事籌防於河運力求擴充之道何以重倉儲
耶應請　飭下管河諸臣統籌疏治爲來年復行河運
地步等語按漕糧就國家而論宜由河運就時勢而論
宜由海運葢自髮逆跳梁以來賦車籍馬財貝皆空凋
戶疲甿膏澤已竭若再開渠造船不惟搜括閭閻且有
近渴遠汲之虞夫立法在於除弊安民奚知河運二百

年並未杜絶奸蠹澄清侵蝕其弊反從此而滋其民又從此而病乎如劉侍御具疏所陳乃誦老生之常談而未念殘瘠守舊典之糟粕而不知權變者也

蘇省業戶秖知田畝多寡不知科則重輕每至征漕書差據爲利藪又花戶完納銀米所資於糶穀賣絲往往以所得之洋銀銅錢而抵正供書差陰持其柄大握其權洋銀多方折耗銅錢多方抑價且於正供外需索串票腳費巧設津梁工墳慾壑同治四年藩司丁日昌刊刻告示註明某都某圖科則幾等每銀一兩折錢若干文

每米一石隨耗若干斗至洋銀時價低昂無不詳悉告示中又串票紙筆書差口食概由官給發不准絲毫需索而擡米尤不准淋尖踢斛種種利弊使閭閻共見共聞内外既不隔閡膏澤方可宣布此亦杜絶浮收錢漕之良法美意也

完漕之州縣各官於蒞任後不問民情之安危先計錢糧之多寡藉公飽私殘人逞欲即如山東河南江西湖北等省完漕不遵定章凡徵米按官斗過擡外每斗浮收數升在閭閻多出數升則受數升之累在州縣每斗浮

收數升而積少成多動盈千百石且立樣盤名目藉口看認米色家丁蠹役從中需索鄉愚不得已聽其折價完納比按官斗出錢則合市價計之其浮收仍與完米之積弊增至數倍者無異總之入於正供者寥寥漁於貪吏者纍纍以有限之脂膏充難盈之谿壑所以鄉愚從賊爲匪大率由此抑思匪亦猶是民耳民之變而爲匪者半由窮所迫半由官所激矣

查蘇松糧道所屬額征正耗米一百七十餘萬石同治四年減定一百二十餘萬石又額征漕款銀六十餘萬兩

除輕齎及每年起解外餘俱留充海運經費江安糧道所屬額征正耗米二十五萬石又額征漕款十四萬零除輕齎四千餘兩批解通庫餘俱留充起運經費浙江所屬額征正耗米九十餘萬石四年減定六十九萬石又額征漕款約四十萬除輕齎起解外餘俱留充海運經費山東額征米豆三十五萬三千九百石奉天額征米豆五萬八千五百石莊糧三萬二千三百九十石以上各省漕務並未折色俱到通交倉然其間弊病滋深疲吒致困貽害於國計民生非淺鮮矣

同治十二年二月李傅相覆奏黃運情形內陳　天庾正賦惟蘇浙爲大宗國家治安之道尤以海防爲重當今沿海要地洋船駢集爲千古以來創局不妨借海道轉輸之便逐漸推廣（此策較鴻臚寺少卿胡家玉御史劉瑞琪請復河運倒乎遠矣）以擴商路而實軍儲云云案河道淤塞漕船毀棄（欲復河運凡開渠築堤造船雇夫非千萬金不能舉辦）茲由張秋至臨清陸挽二百餘里有車牛之煩費有霉變之折耗勞形劬劬得粟尠尠似此辛苦猶請復河運者不知時勢也以時勢而論除李傅相海道轉輸之一法別無二法矣

明臣請罷航海仍歸河運其實河運爲利藪凡宗漕米者
明加之外暗加三倍焉正款之外雜款三倍焉處處陋
規層層剝削以江南漕米而論歲征四百萬石而江南
出一千四百萬石四百萬石未必盡歸朝廷而一千萬
石常供貪吏奸胥運弁旗丁之口腹在閭閻多完一千
萬石豈知其間多數十萬賣妻鬻子泣血傷心之衆耶
國朝因明制疊蒙寬卹運河亦東西暢流則勢順而
安恬迨道光間運河南北斜衝則勢逆而激蕩也王大
臣會議將江浙漕糧改航海特所承運皆需沙船先經

總辦海運局封港截留旋即飭令招僱分兌出運盡米由官辦運由民舟舟由官僱價由官給此定例也自糧艘爲賊所燬片板無存兼以運河淤淺閘壩坍塌前經曾中堂議以兵籍擇其老與少者改作夫役仍然跨江入淮此固由撤兵減餉起見然重修運河費既不貲補造糧艘仍需　國帑似亦非計之至善者也或謂運河無意外虞雖路迂時久而穩於海運者此第就今之沙船言耳若使自製輪船先延西匠經度不惜費不減料必爲久遠計其載米固數倍於沙船而履險如夷亦無

所謂意外虞也每船防兵有定額屆運則爲護糧之用事竣則爲巡洋之需其以船爲家仍無異於旗丁而裁勇之術亦即寓其中矣如是則中國之水師可精沿海之防堵可嚴海運遲速皆操自我豈非一舉而兼數善者哉況嚮時河運糧艘每於秋日來南至明春運米北駛計一歲中行時少而停泊時多以故旗丁水手易於滋鬧今若改用輪船旗丁水手自有恆業亦不致以干法紀並照西國章程準商賈裝載貨物往來各海口所得水腳銀爲修葺船身用則既足以裕　國而又非與民

爭利以視修運河補糧艘有出而無入果孰得而孰失
耶此予蓄疑堂稿摘錄
定例軍運漕糧以屯田給之所輸田賦或本折各半或本
七折三凡屯田荒蕪召軍民墾復無力者官給牛具荒
地內有軍指爲民民詭爲軍者以時清釐
定例民册承差衛所毋許牽累軍册有役州縣毋得重科
民佃軍田輸租則免軍役軍佃民田完賦則免民徭
定例軍田許照民田售典與軍者聽與民者禁違則以田
歸衛以直充公

直省屯田按漕運新書以乾隆十八年奏報册核算共二十五萬九千四百十有六頃四十八畝賦銀五十萬三千五百五十七兩糧三百七十三石各有奇別省無糧惟安徽有之又屯田賦銀最多莫過於秦隴查陝西屯田三萬九千二百三十六頃八畝賦銀七萬四百二十六兩各有奇甘肅屯田十萬七千二百四頃七十八畝賦銀二萬八千五百七十五兩各有奇最少莫過於川省[illegible]屯田僅一百三十四頃八十二畝賦銀亦僅一百兩各有奇

光緒庚辰丁稚璜制軍欲開銅鉛廠檄子招商集股並同

定鎮之總戎踏勘礦地定之乃國初閩督朗廷佐之裔以輕車都尉任峩邊參將升馬邊副將旋署建昌總兵官猓酋畏威懷德且明晰沿邊山陵川谷故委踏勘礦地自峩邊馬邊等處歷巑岏崎嶇妄臆揣度其礦地多在夷巢中若從山麓開採徒勞無益夷巢外之山麓纔有乃是草皮礦不敷人工炭本且恐猓酋擄掠而開夷患遂稟覆從緩興工惟上至越巂下至雷波千百里形勢邪曲亦有平陽肥土雖不相暎相瞭然多溝渠無憂亢旱案道光十三年猓酋焚殺鄉村居民遠颺故沃壤變爲污藪膏腴化爲荒郊也予謂定之曰以茲屯田有寇則戰無寇則耕利莫大焉今委而棄

之殊可惜耳予於旅店作屯田論筆墨荒蕪不敢出示人懊之以爲有關體要宜弆藏以俟當道之採納焉論曰今夫民之所藉以衛者何曰兵也兵之所藉以養者何曰民也民與兵其相兩利矣乎雖然相利者亦相病何也兵衛民而不得不以餉勞民也民養兵而有時或轉以餉窮兵也此非所以養兵息民之意也說者謂按籍有兵閱伍無兵虛冒之靡餉者可去給糧有兵應敵無兵疲冗之糜餉者又可去夫誠隸籍皆健兒支糧悉精鋭豈非國家所深望然而察汰屢下於督撫方其時

虛冒清矣何以不數年而虛冒復如故也瘦冗革矣何
以不數年而瘦冗抑又如故也則端本澄源之道未講
也夫趙充國諸葛武侯頻年出師而餉自足者由於屯
田耳既不疲貔貅熊虎之力於雨雪楊柳之途而聚嘽
嘽焞焞之威於吭喉要害之地矣則與其縻舟轅牽輓
之費於關山跋涉之間何如峙車牛餱糧之資為南畝
東作之利與其索遠近州縣追輸督責之物力而萃三
十鍾始致一石何如於峩邊馬邊越嶲雷波等處興屯
開懇使丘墟瘠鹵盡成良疇又為以逸待勞以飽待飢

之計蓋成其地卽因其地之宜戰其野卽食其野之粟守其土卽用其土之利不特籌餉之良策而亦制夷之要道也夫孰非屯田之所致哉然而屯田庸人豎子能言之而卒不見於舉行者何也一曰惜費蓋當其製牛具給種粟非不仰藉於度支也然需之一二年而荒穢已闢矣需之三四年而租稅可議矣以地之出爲兵之食所償不已多乎二曰畏難蓋荆棘蓬蒿黃沙白骨久成棄土若開墾樹藝勢必定疆界勢必引溝渠凡人可與落成難與謀始所以矘目裹足而不前也不知隨地

有官郎官可以治事以其地之守令分其任而以其地之督撫總其綱責成不亦易乎三曰辭勞彼兵卒之逍遙久矣烏知有負鋤荷插之勤不特兵卒也提鎮亦以按日操練爲能而他非所計不特提鎮也司農亦以每歲支給爲事而餘非所知狃於故常習於安逸曾不知在外者有赴領之瘁在內者有撥給之煩且歲耗金錢用如泥沙孰若屯墾者之一勞永逸乎夫 國家未嘗不屯墾也旗軍皆有莊田使之自給猶古者寓兵於農之意而綠營無一不取諸公家豈旗軍可耕而綠營獨

不可耕顧一兵而異其制一餉而殊其途若此哉誠能除其獘興其利緩其賦課無事則足以容衆有事則足以伸威李泌之法可行也汰老弱簡精壯或三分耕屯七分守禦充國之略可倣也酌可屯之處定以疆域隱其名而存其實兼其利而去其害虞集之議可採也如是則賦省而餉足餉足而兵精猶見兵民之相病者未之有也

皇朝瑣屑錄卷二十九終

皇朝瑣屑錄卷三十

嘉州　鍾　琦　泊農

河防附工式二十則

賈讓治河三策後人或訾其不可行案古今治河無出此策之外者矣夫河自崑崙西北亘六千七百餘里至潼關其爲源也遠則其爲流也長其處勢也高則其爲波也急又自孟津而下無崇山峻嶺以障之無洞庭彭蠡以蓄之宜其汎漲泛溢耳然其決也不在旦夕而必有其漸察其衝激之所從而預爲防可也其治之也不在

强制而當審其趨權其緩急之所宜而曲爲道可也亦

囂囂堂稿摘錄

凡三汛歲以清明節閱二十日爲桃汛自桃汛後至立秋前爲伏汛自立秋至霜降爲秋汛屆期該管官弁督率兵夫多備物材晝夜分防有警則鳴金爲號集附近兵夫協力搶護如汛臨工固由河督馳奏安瀾

定例浚船以疏瀹河道柳船以濟運物材均以三年小修五年大修更造則河南江南以八年直隸以十年

凡河兵各有定額於綠旗營兵之外別自爲伍專屬河工

調遣及守汛防險之事其分戰守給餉仍如綠旗營制惟江南葦蕩營河兵專司樵採不與雜役見兵部營制

咸同間邸鈔見漕河諸臣往往以黃運奔騰迅疾具奏辦理意欲挽使南流案乾隆十八年銅山决口尚書孫家淦有分河入大清之疏大清河地形較窪乾隆四十六年蘭陽工役屢敗垂成大學士嵇璜亦有改河行大清之疏其時河未北流尚欲挽使北流今河自北流乃拂其性攖其怒而又欲挽使南流無怪乎工部駁斥葢不肯以有制之帑金注無常之漏巵也

同治元年御史劉其年請裁總河十三年河督喬松年亦具疏內陳河南山東河道總督一缺從前因黃河經由河南山東兩省所轄黃河堤工共十四廳運河六廳且全漕數百萬石糧船絡繹北上人夫眾多宵小易於溷跡濟甯爲山東門戶亦須大員彈壓是以設此總河駐於濟甯以其專治兩省河防並催漕運事固煩劇非巡撫所能兼也迨咸豐初年河決銅瓦廂河南黃河工裁去五廳山東黃河工全行裁汰是黃河之工惟有河南現在之七廳其運河工惟以捕河所屬自戴廟至張秋

鎮一段爲最要因彼時河臣駐於豫省而輔河運道遂改歸山東撫臣就近派員辦理是運河之事亦大減於昔年矣河運之米不過十萬石視從前秪三十分之一船小而人亦無多似此減少何必設河道總督耗費國帑無復有匪徒滋鬧則彈壓亦不須大員矣是以河臣常駐開封誠以黃河工爲重也然黃河距開封城秪二十餘里河南撫臣極可兼顧且撫臣本有兼理河務之責若將河南河工交河南撫臣兼辦山東河工交山東撫臣兼辦極爲允協不至有鞭長莫及之慮云云案此奏亦爲節用起見

如果俯允每年可省養廉銀八千兩公費銀　無如部臣
二萬有奇河標中營各兵餉十五萬有奇
以成法措詞查江南清江浦河督因咸豐癸丑髮逆陷
金陵嗣後將河防交制軍兼辦至今循以爲例何以成
法當日能變通今日又不能變通耶夫古人設官分職
總在因時制宜事有必須專任者舊雖無官可以增設
事有易於兼領者舊雖定缺可以議裁未有膠柱鼓瑟
如近時之顯者
同治十二年正月河督喬松年以東黃濟運具疏　上
命軍機大臣六部九卿議覆李傅相所奏謂河道積年

淤墊即是借黃濟運之病案乾隆二十三年八月

上諭引黃入運黃水多挾泥沙凡入運河易至淤墊非甚不得已勿輕爲此遷就之計嘉慶十五年十二月

上諭本欲利漕先已病河權其輕重甯使暫時剝運渡黃必不可復用借黃濟運之計　道光五年兩江督臣孫玉庭照前試辦卒至未蕆其事是　歷朝聖訓昭垂至明且確前鑒未遠來軫方遒矣

同治十二年二月李傳相覆奏黃運兩河情形疏大略以借黃濟運及分沁入衛工程均無把握此時治河之法

不外古人因水所在增立隄防請 旨敕下撫臣丁寶楨河督喬松年於秋汛後將侯家林上下民埝與工加高培厚使東省與曹州之堤防接聯計自銅瓦廂決口處築至北金堤約六七十里以資遮攔此六七十里中大水所常漫者不過二三十里所湍流者不過四五里任其波濤蕩漾而水勢下趨歸入于大清河則緩急得以節宣不至渺瀰泛濫云云近時河務實在岌岌不可終日之勢糜費甚鉅且無成效案傳相所擬需用不多執柄者何妨試而行之

山東鹺務從同治四年核算查行票之州縣與行引之州縣相等而票額僅及引額三分之一此票商所以易於引商也自交款遞加遂致引票皆用幾幾乎全綱廢弛其弊由官凡新任創立新章藉口整頓暗加陋規本地人視商爲畏途按籍稽大河工帑息居其五正稅居其二雜課同陋規居其三迫受病既深然後委員調劑又無經濟不過溢斤而已加價而已挖肉醫瘡而已皆揚湯止沸莫能爲釜底抽薪之計山東鹺務旋辦旋墮者由委員敷衍之故蓋商課例無豁免不敢議蠲支銷歲有常經不敢議減所以委員含糊了事耳帑息正稅固不敢議蠲雜

課陋規亦不敢議減平按鹽志載明萬歷間甘德夫之治東運也當傯困時水旱頻仍前後任八年不但新舊欠課全完且賑竈丁者數萬金濬清河者數萬金人皆詫爲神異究其致治之由惟無欲爲主無欲何事不能爲凡商人一絲一粒之餽不入運署商人餽送無非出之於鹽則無非出之於民不收一絲一粒之物在甘公以裕商力耳蓋懲商必先恤商恤商即所以恤民也由是貪者廉侈者儉官商一體惟公欵是急故人竭蹶而不足者彼獨從容而有餘東商交欵固稍重矣若盡裁去浮費第納惟正之供尙不至竭澤而漁安得人人如甘德夫者與之論鹽法哉

閩鹽國初時僅徵銀七萬六千九百有奇至道光末年統計正溢雜課加至三十四萬七千七百零而埡折徵銀一萬四千五百有奇又絡息徵銀至十萬兩一商倒埸則責令衆商代運一年積欠則責令分年帶完商力愈不能支視鹺務有如赴湯蹈火之苦於是改章而爲僉商之苛政僉商者卽舉報富戶充鹽商也每僉一商地方官拘殷實二三十家分別鎖押肆意婪索且養劣紳爲爪牙以通聲息待谿壑既盈然後以他戶塞責自古鹺務之壞莫甚於此雜時有閩人王雁汀官戶部深悉

其弊因奏請捐免充商上戸捐銀三萬兩中戸捐銀二萬兩給予山東司員外主事銜（凡鹽務俱歸戸部山東司稽察）永免充商然閭閻外强中乾並無人援此例者皆不治其源而徒治其流不求其本而惟求其末也咸豐初委員代辦名爲官運始猶稍獲贏餘繼則半歸中飽積至咸豐四年軍務大起不但官商欠課纍纍而鹽本亦被賊匪焚掠遂不可問矣同治四年當道以票代引裁其陋規删其冗費除其逋累禁其私梟如病人釋去沉痾即不事更張自有起色耳

隸南運河限三年北運河限二年永定諸河險工限一年平易工程並限三年均以報竣之日起限若限內衝決責承修官暨督修官賠修否則治以罪限外衝決守汛官暨該管文武官沿河州縣皆分別議處見河工典則

凡正雜用款各工有修防之費有辦葦柳秫稭之費有買蔴麻灰觔之費有需木石釘鋦之費有俸餉之費有兵役之費有歲報圖冊之費有逐年增高之費有山東疏濬運河之費種種耗用不貲而節節侵蝕者亦不少按

雍正間黃淮不爲大患者實賴河臣靳輔陳鵬年嵇曰
修等認眞疏濬之力彼時沿河官地盡種楊柳所有埽
埽之需絲毫不累閭閻嗣後河臣改其成規又未能杜
絕奸蠹澄清科派總以崇尚省儉爲圭臬決於此者修
於此決於彼者築於彼其意補偏救敝竟不正本清源
無如今日修者明日潰矣明日築者後日又潰矣良由
腐儒執柄往往拘牽文法惟取巧而已節用而已未能
深思遠慮也但國家事無一不粉飾敷衍無一不苟且
塞責豈獨河工爲然不過河工之弊尤其甚焉耳

定例塘工皆以石其非潮汐衝擊之所間用土工或用柴工均如式建置限年保固凡物材價直與江南河工同

定例河工塘工凡買物材葦柳秫稭論束檾麻論斤土論方甎論塊石分雙單木分杉楊下至石灰米汁鐵釘各有定則按章給價剋扣浮冒者論如法

定例沿塘十里或五里爲一汛每汛有斥堠屯防兵以資巡守又北塘一里設一夫南塘二里設一夫歲給役食有差

[illegible]

皇朝瑣屑録卷三十一

嘉州　鍾　琦　泊農

鹽政附茶課四十六則

定例鹽課視每歲應行引數以定課最以乾隆十八年奏銷册計之直省共行銷六百三十八萬個千二百三十一引課入五百五十六萬五百四十兩見鹽法志自髮逆跳梁引數未增而課釐已徵至一千五百萬有奇其閒官吏暗加平餘火耗假公濟私者不知凡幾商販之典妻鬻子敲骨出髓者更不知凡幾也

乾隆間產鹽之區各設有鹽牌凡附場無依之人老者六十歲以下少者十四歲以上及壯年殘疾由官發給鹽牌准其負販度日第負鹽不得過四十斤賣鹽不得踰五十里法良意美也然奸民往往藉此爲走私之地山東巡撫奏停之

盛京沿海之地皆民自煮鹽市易奉天府錦州府鹽場二十皆以州縣佐貳官司其場務不榷不幾統隸於奉天府尹

唐晉漢周時即於滄州設鹽司滄州舊治去長蘆四十里

後移治於此故直隷鹾政以長蘆名每年例辦内府光祿寺青白鹽廿萬斤各衙門食鹽七十餘萬斤内應造磚鹽六百六十七塊每塊重十五斤康熙間因各衙門食鹽肆行勒加奉旨裁減惟引課較前明加增三四倍兼以陋規紛紜故商人倒埸雖運司招募而無承充者至道光廿八年欽差查辦删去繁冗名目第就正課帑利雜款積欠釐爲四條正課應徵銀四十六萬八千一百七十兩有奇帑利應徵銀三十萬一千四百六十兩有奇其帑利者内務府出本銀發商生息雜款本銀加增至一百五十萬兩

頭緒繁冗應徵銀四十二萬九千八百兩有奇積欠乃按引攤還而未完交者應徵銀十七萬兩同治五年因河防緊要又加增正課銀三十六萬矣夫鹽爲利之所集即爲害之所叢蘆政甫經查辦未幾商人又夙負纍纍蓋其弊出於官勢必病商鹽商從無控官之案其弊出於商勢必虧國鹽官每多袒商之詞惡習相沿令人匪夷所思向來查辦不過得其形似而廬山面目固未許人相見也故欲興利往往得此而失彼欲除害往往名去而實存觀于長蘆其他亦大同小異矣

同治三年曾文正公總督兩江時奏定新章改引為票每票計五百引湖北共十三萬引湖南共十四萬二千引江西共十五萬二千引大通共七萬二千引惟江西湖南每票捐修清水潭工費五百兩准其憑票完課循環販運名為票鹽實與引地無異自認定後即同世業現在湖南票每張轉行售出可值萬金江西票輪銷稍遲每一張可值六千金即租出一年亦得千百金大通票每張一百二十引可值二千金其利薄其價昂故人思購辦共計各地四十九萬六千引每引約賣十七八兩

近因日本軍務有人請大憲每引加十兩其間分别辦理每年可得四百萬以助餉糈噫是猶竭澤而漁不善漁者矣竭山而畋不善畋者矣

乾嘉間淮商輸納計五百萬以三州之地而課賦如此殨若得廉明大吏因時損益國帑有盈無絀乃奉行愈久弊竇愈生官視商爲利藪索費徇情商借官爲護符短斤營私積重難返遂至壅引虧課道光十年經總督陶澍具奏奉 旨裁去鹽政歸總督專管剗除浮費冗規釐務始有起色云

國初淮商在部呈請加增引目二十一萬道吳三桂反叛湖南等處皆淪陷引目停運克復後不但額引全銷竟有淮商京控情願先繳課銀將以前停運之引目全行補配者因此而加引焉鹽課之例無豁免蓋源於此

淮商運鹽例分綱引食引綱引遠於場竈斤輕而課重食引附近場竈斤重而課輕今則淆混非如昔之條分縷晰也

淮鹽至儀徵另改子包湖南北子包重八斤四兩江西子包重七斤四兩安徽子包如江西

浙江票引有肩住之分肩以八百斤爲一引住賣四百斤爲一引其商所領帑本亦多歲輸息銀二十二萬七千二百兩息錢二千緡

產鹽之區莫不因天時乘地利而刮土淋滷至於煎曬成鹽總賴乎人力居多若夫水面自結鹽花以手撈即可以食無待人工之施者惟河東鹽池而已池居中條山麓濶七里長五十里地勢四面皆高池居中形如釜底其味鹹鱗介不育其性溫冬寒不氷俗稱海眼案即山經所謂鹽販之澤是也

國家懷柔江瀆神祇載在祀典每遇防河濟運顯靈經歷任河漕兩督奏於常例外　頒賜藏香復請　錫封賜匾有差夫禦災捍患功德在民固　褒賞所必及也惟近年河工久停而漕船北行沿河挽運督運諸員神奇其說幾乎以請　封請匾爲常似非政體考黃大王事蹟見池北偶談其人　國初尚在至朱大王卽河督朱之錫栗大王卽河督栗毓美夫會典無異姓封王之例稱謂亦恐不經況諸臣所據爲顯應者尤誕妄無稽乎按河神助順必先有水族現形河漕各督卽迎之致祭其朱色者衆以謂之錫栗色

者眾以謂鹹美也安得一深明典禮之儒臣俾任秩宗釐正其失

國朝河道工程黃淮二瀆爲大運河次之永定河又次之定例修濬面必廣底必深運土必於隄內無隄者以去河百丈爲率運河歲小濬間歲大濬黃淮無定期遇沙停淤積即爲濬治其法或以勺或以埽或以刮板或以浚船皆因地制宜不拘器具見河防輯要

河防工式蓄洩曰牐蓄洩以漸曰涵洞束水曰隄隄外重以隄曰遙隄隄外築隄俾河流遠越而過曰越隄亦曰

月隄兀立者曰縷隄截流曰壩洩漲曰滾水壩曰竹絡壩銳出河流以分水勢曰磯觜壩護隄曰埽埽有魚鱗龍尾丁頭之別護埽曰障障有六楞三楞排木之異他如以導大溜則有木龍柳薜以濟覆舟則有救生椿木均如式建置限年保固

定例河工夫役直隸設衩夫防夫淺夫江南設堡夫役牐夫山東設徭夫泉夫壩夫橋渡夫河南設椿埽夫柳船長夫各隨其地之宜其食於官也則視役之輕重以爲差

國朝河工有所謂搶紅者蓋挑河做工至五六分時工員挂紅懸賞先完者得麟見亭河帥詩云雪後欣聞說搶紅是也

定例黃運河堤工每歲增高五寸

定例工當衝溜須用長椿大埽應宜培築費有定額者曰歲修或河流遷徙及偶被刷損應宜補苴費在五百兩以內者曰搶修歲修以十月搶修無定期題銷均以次年之四月逾限者論別案大工不在此內見河防輯要

定例保固黃河工程限一年運河限三年江南河東同直

臺灣無鹽官其課由府經理抵充軍糈然入公者二三餉私者七八矣其曬鹽地方有鹽埕鹽坎鹽坵鹽墕之分疊土作塍四圍周築爲鹽埕以埕截而爲坎以坎折而爲坵名雖異而實則同即曬鹽之池因地異其制耳見臺灣府志至於鹽墕則空土爲窟其下承以溜池擇鹼鹵地土剷取白霜以實於墕沃水淋之滲入溜池再淋之即成滷挹入埕坎煎成鹽其煎法與別處異築土爲坎坑於竈旁而盛滷接以竹管注於旋盤汩汩然而流其盤用篾織塗以蠣灰又由盤注於釜釜上亦織篾而

圍繞之又堅以蠣灰蓋取其受鹹之多海物異名記云編竹爲盆熬波出素南越志所謂織篾爲鼎和以牡蠣卽指此而言也

花馬池本西秦牧地共三池曰大池曰小池曰花馬池案大池自沙漠中來周八十里小池控甯夏之全勢周二十七里花馬池爲靈州之重鎭周四十三里俱產鹽鳳興邠等處槩食之其引稅向屬河東咸豐四年陝撫奏將鳳興邠鹽課一萬二千九百五十兩有奇逕解藩庫毋庸再由河東以省周折見陝西通志

粤東通志廣韶惠潮羅嘉等處俱產鐵凡運鐵一萬斤除完餉外納部規雜費銀二十五兩皆造入鹽務奏銷册内移解藩庫作正開銷其採鐵以山木爲驗嶺南當天寒地凍時木葉不甚落惟產鐵地方其樹早凋其山流黄水以是求之百不失一蓋天下產鐵之區莫良於粤冶鐵之工莫良於佛山鎮故鑪座之多以佛山鎮爲最至今有商人新開鑪座總督猶專咨達部焉嶺南鹽鐵並誌蓋亦祖漢代鹽鐵論之遺意云耳

粤東鹽場濱海皆沙田其收沙曬滷以潮汐爲期潮汐與

月盈虧每月祇有朔望兩日居民平時將沙耙鬆其旁掘成壕溝俟潮汐至引水入而灌溉之三四日將水放出又復耙鬆沙遇天晴卽起鹽花鹽花旣結將沙實於堀其堀或以木製或以土築皆編竹篩爲底使通氣下注仍沃潮水淋之卽成滷挹滷於池以待煎其煎則有竹鍋鐵鍋之分鐵鍋不甚大一竈架鍋三口引通火氣使其齊燃而煎速竹鍋大者周圍丈餘小者亦六七尺用篾絲編成塗以牡蠣另用鐵條支架使其骨立其受火處卽以蜆殼灰泥五六分厚卽能敵火不致焚焦蓋蜆

殺得水之精耳實滷於鍋加柴薪約煮五六時即成鹽至鹽將成或點用蔴仁或點用米粉此與淮南煎鹽用皂角同法然物性亦因地而異矣查粵東西共銷引七十八萬一千七百七十八道征餉課銀五十七萬六千六百有奇近年加釐纍纍闔行商倒塌者良由官吏不體恤蓋朝廷建一功令官吏即增一擅途官吏增一擅途閭閻即多一死法也

瓊州一府三州十縣四面巨洋廣袤千百里遍地產鹽由竈丁自煎自賣並不設商配引其課歸州縣征解羈縻

之而已案軍興以來弊亦漸生費亦漸多有明納之外又賠索焉公稅之外又私派焉久而久之恐陋規層見叠出矣

滇蜀之鹽皆產於井蜀井鑿於人滇井則成於天焉其地鹽井二十四區依山傍水似池而深中有滷源自涌出其間亦有鹹泉必孱淡水而煎之惟白黑井之滷源既鹹且醲二十四區之精華也共額煎銷計三千九百四十二萬八千一百斤配大票十萬七千九百零一張每票載鹽三百斤小票十四萬一千一百五十六張每票

載鹽五十斤通共正雜課銀三十七萬六千一百二十二兩有奇遇閏加增查該處水無舟陸無車全借人工背負又洞無煤炭地無蕩草槩用柴薪炊爨所以成本翔貴加以關卡搜括故殷實者多不充商而充商者多不殷實耳

川鹽行本省及湖北之施南府宜昌府屬之鶴峯長樂二縣雲南之東川昭通二府曲靖府屬之南甯霑益平彝三縣引十一萬五千一百八十有五嘉慶末又撥潞引五百四十張

貴州近楚者食淮鹽近蜀者食川鹽不通商不頒引小民就近負販而輸税於官課入七千六百十五兩有奇嘉慶初改設邊商由富犍兩縣人承認轉運

定例商之徵責之運使鹽道引之行責之州縣官

定例竈地之徵其課有上中下之別每課有二兩三兩不等視年之上下歲登盡入其税荒則辦其等至於宜蠲宜緩法如田賦其課自嘉慶道以來並未論荒歉皆年清年款亦無言蠲緩者案蜀省竈課共一萬四千九百六十一兩八錢七分三釐

同治壬戌川省抽餘鹽以助軍糈予蒙駱宮保　奏須鈐記飭司樂犍票釐局因見肩挑背負者不過爲婦子

以資贍殘耳於整飭中而寓體卹然每年核算亦徵銀十萬有奇其後予乞逮某委員恣意賄放每年僅徵銀三萬有奇大憲將委員撤省意欲創立新章當道飭予擬條程對曰變法不如守法救弊未必無弊惟嚴緝巨梟以疎引路盤詰偷漏以杜充斥核減賣價以敵鄰私裁汰陋規以甦商困至於條程當從簡不當從繁而大綱大領以得人爲急務不然所益於軍糈者徒有其名所損於國計者暗受其實矣

川省積引不能銷售者由井竈利於得價而賣私城鄉利

於賤食而買私官吏利於賄縱而徇私道運至荆沙貲本過厚而遂不足以敵私也惟改行票鹽仿王文成就廠徵釐於扼要驗放尚有實濟不然則暢銷之利盡歸於下殊非因時制宜之道矣又票鹽必須於歸丁州縣辦理以免充斥引岸葢作事必準乎人情庶推行無窒求治必因乎時勢斯成效可循否則商人前課久懸新課又積如水益深如火益熱也

定例行引俱有定案配鹽各有定廠至税羨未有不年清年款之理自咸同間創爲推代改配之説以此岸之商

代行彼岸之引以彼岸之引改配此岸之鹽以致愈改愈混愈混愈愈欠營私廢公非言語所能形容亦非筆墨所能描畫者也查邊商積欠羨銀一百三十六萬有奇良由鹽道行推代改配希圖陋規貽害至此故丁制軍奏改官運以挽救之

鹽為民生日用所必需少則淡食多則壅滯故立法先計戶口之數以定額銷之數計額銷之數以定額產之數廠與岸呼吸相通商與竈首尾相應方持久而無獘乃近年不遵定例官吏聽其私鑿私煎私徵私縱不知多一斤私鹽則充斥一斤正引也課逋稅懸良由於此

川省商額行水陸引十六萬八千四百零七道水引一張配鹽五十包陸引一張配鹽四包定例每包重一百六十斤近因計商於本縣額引尙未全銷復認銷別縣之引而本縣之引轉多積滯本廠之鹽原足敷配復改買別廠之鹽而本廠之鹽遂致販私無怪乎鹽法成五花八門也

光緒丁丑創辦官運時予購鹽隨市價漲落壬午後委員慮其價昂而民病也每引定額一百五兩但三四年間竈戶需用油炭米豆莫不翔貴蓋民間日用諸物俱有盈虛消長獨於購鹽定額未免偏枯故竈戶刮土淋滷

無利而折本以至夙負纍纍竟成羝羊觸藩者案雍正

朝計口頒引每人每日食鹽三錢以一年核算共食鹽六斤十二兩每斤鹽貴錢二文則每人一年多耗錢十四文於中人之家未見其損即官運局與之悉心籌畫節省十四文於中人之家未見其益至若赤貧者食鹽尖尖所增更尖尖何如每鹽一斤與竈戶加價二文藉資挹注以育疲瘵勿效唐人減劉晏之船料使漕運而多掣肘明人惜周忱之耗米使餓殍而生忿心蓋經國者補偏救弊其間籌畫出納務持大綱大體不必如此

爭競刀錐之末較量錙銖之微留一椀薄粥養兩廠烝民無再束其嗉呃其喉而奪其食也蹇子振太守韓午山大令與予交最篤綜理官運局時嘗晤談見予此論遂具詳大憲准隨市價而購之敝廠人獲利今猶感激蹇韓二公之贍育於菩提寺設牌而祀之

蜀鹽自嘉慶末羡截積欠至道光三十年幾於全綱頹廢岌岌不可終日矣徹底查核各計商積欠十萬七千有奇潼商積欠十三萬有奇潼商強行邊引故虧累愈深維時成華兩縣計商及犍富兩廠邊商稍殷實所有計商積欠大憲分撥代銷統限十二年完清將潼商額行黔邊水引全

撤出交鍵商一千二百三十七張交富商一千二百八十五張合其運黔行銷惟前口岸互相侵越訐訟委員踏勘運道劃清界限令鍵商由敘永廳涪州分運黔省安順大定興義普安思南石阡鎮遠思州等處發販其分給之潼引由涪州龔灘轉運銅仁以至婺川縣銷售富商由合江綦江涪州分運黔省貴陽遵義都勻正安等處發販其分給之潼引由涪州白馬鎮陸運直達平越銷售至是蜀鹽之法漸密蜀鹽之獘全剔若國家承平必蒸蒸日上乃金陵淪陷淮運不能濟楚而川梟結

黨成羣明目張膽乘艟艨施槍礮官吏不敢盤詰論者謂鹽之產場猶穀之產地當就場定稅不問其所之案穀性無別鹽則有黑白鹹鹻塊末之不同任其所之則窮鄉僻壤所產之滷鹽鹻鹽鹼鹽鹼鹽無商販購買不惟閭井邱墟而課釐羨截必節節退縮所關國計民生非淺鮮也然則如何而後可曰急之則生變弛之則骫法惟要津設局給票始輯柔而徐圖整理倘禽獮草薙遍處成荊棘矣

川鹽引稅爲正課共徵銀十四萬四百九兩六錢羨截紙

硃爲雜課共[illegible]銀十五萬八千三百二十三兩有奇每

除書吏巡役[illegible]千一百廿二兩[illegible]廿常多缺產之虞自軍興以來疊次籌

餉加至三百七十萬有奇仍有餘鹽此所謂失之於東

得之於西　國家課賦以淮鹽爲大宗自長江梗塞

三百餘萬之正供盡歸子虛非蜀鹽產旺不但軍糈支

絀荊楚人民不幾於淡食乎天不愛道地不愛寶即值

蜀井產火產滷以資接濟乃　國家洪福所致非人

力所能爭也

蜀行茶引舊例徵羨截羨者即羨餘截者於繳引截角時

交納銀也乾隆間蜀鹽倣照茶引舊例而始徵之水引羨銀一兩零至五兩零水引截銀六錢至一兩陸引遞減邊計略同同治壬戌駱宮保奏設鹽垣頒發鈐記檄予綜理每斤徵錢四文丁卯秦隴軍糈增一文庚午滇黔軍糈又增一文夫銷鹽秖有此數而軍糈層見疊出雖販獲利亦不能不杼軸告空或謂所加出於民非出於販不知鹽雖定價亦羈縻之而已凡交易計成本之輕重爲售價之乘除即諺所謂定價活稱也且價多銷少亦物理之常故於暢銷之時溢斤加價上下兩受其益滯銷之時溢

斤加價買賣兩受其病耳
通商以來各物皆准出入交易惟米不得出口而鹽不得
入口何則以中國產鹽饒無許其充塞也昨閱邸抄歐
洲駐京大臣謂中國禁洋商販鹽殊屬不解若准其交
易照中國納稅彼此獲利何樂而不爲哉況各處鹽常
爲私梟販賣以致稅懸引積國帑窘之洋商則照例納
稅決無隱漏虞據該大臣所述是眞知其一未知其二
也中國鹽雖有隱漏亦楚失楚得之意至其錢仍入於
官是計商之所謂私非國家之所謂私也今中國於食

米遇荒歉時或有不敷於食鹽未有不足何必藉歐洲以濟之外鹽至而華鹽必壅納稅尠尠亦何補於大局耶且又何以處夫竈戶竈丁耶況鹽價賤洋商販賣除耗費所得無幾則必欲固爭此利是亦有所不解矣

課之來源在乎引引之去路在乎銷必有年銷年額之鹽乃有年清年額之課當今課已逋矣引已積矣鹽已壅矣而稅羨亦負欠百十萬揆厥所由弊端滋矣官吏之弊有三商人之弊有二官吏之弊如何夫稅羨商所樂

輸也然國家所重在正供官吏所急在增耗假盤詰之

名。濟其勒索之術逢正引則橫征加派遇私販則受賄縱容其弊一也竈戶鬻井煎鹽刮土淋滷其苦不可勝言而官吏於陋規今日星提明日火票否則借題發揮必饜饞而後止其弊二也鹽艘行數千里其間風掀浪吼者數十處或部引漂沒視爲奇貨甚至家已傾而案猶未結其弊三也若商之弊又有可得而言者定額每包百六十斤每船十六引商乘機夾帶每包三百二十斤是一引加半也是每船溢十六引也計一商不知溢若干引也計衆商直不知溢幾何引也弊孰甚於此哉要之官吏之弊在於病商商人之弊至於病國事有相因所必然者夫商操羸貲以配運欲牟利焉耳而官吏開簽有費截角有費奏銷有費改配有費支放盤驗俱有費種種誅求不得不鍾其弊於買私鍾其弊於溢斤也然天下行鹽之地與食鹽之人有數矣溢者多消者少則鹽必壅舊鹽既壅新鹽復催則鹽必賤鹽賤而價減價減而商窮商窮而引積引積而課逋矣惟擇廉吏剗除前弊而創立新章焉其法無他嚴緝巨梟以疏引路也裁汰陋規以紓商困也廣開煤炭以輕成本也核

減釐羨以示軫恤也如此則行引有常數何至於鹽壅

而商病商之入也有餘力又何至於病國哉

當世何人不患貧也然非患貧而患貧富不均矣蓋富者愈富貧者愈貧愈富則驕奢淫逸愈貧則不惟鰥寡孤獨有待哺之憂即讀書寒士資生無策有不暇治禮義之苦矣案歐洲諸國凡貿易皆上下調劑翼助故情通而事無不長利溥而用無不足我則異於是官自官民自民且有官不顧民民不顧官良由精神血脈不聯絡豈能如外夷互相維持互相和衷者哉曷若將鹺務仿

照歐洲章程頒發國帑數十萬遴選端慤士紳招商合股積貲腋成裘無論鰥寡孤獨出貲槩收錄出貲本者多多益善至少以一百兩爲率官則以清愼者而綜理民則以殷實者而分司滿年核算案本分息官得者以養營兵民得者以貧養殘官若挪移有民扞格之民若侵蝕有官究追之私販偷漏民之耳目廣可以訪緝之關津賄放官之聲息通可以懲治之民仗官膽官仗民力盤詰不分兩局上下合爲一家不惟清彌私梟疎銷正引且裨益於鰥寡孤獨何也有上下調劑翼助不患貧富不均矣近年中國僅有貲財

一二百金者或貿易或生息原爲婦子饔飧計但將本求利者多耗折出銀生息者多倒塌以致一蹶不振常虛糜火惟倣照歐洲章程上下調劑翼助始能挽救之

湖南北例食淮鹽自髮逆跳梁楚民淡食乃轉資川鹽接濟自淮綱復舊楚民尚有半食川鹽者半食淮鹽者於是紛紛爭訟運司鹽道各存偏袒光緒丁丑予襄勞官運局適唐鄂生方伯問及此對曰倘遵部文照例則蜀引無銷路勢必壅滯譬人之飲食然日納而不洩必成蠱脹宜詳請宮保轉奏凡近淮之地則食淮鹽近川之地則食川鹽卽就課釐而論川鹽廣銷則川之課釐必

充淮鹽暢銷則淮之課額必裕充於此者絀於彼絀於此者充於彼同是國家之課項又何妨作總算也方伯題之以上十四則此予鹽法補略摘錄

定例凡山鄉宜茶之地土人樹藝為業者無徵惟商賈轉運而售之民者徵其商曰茶課

榷茶之法由部頒引州縣官暨茶馬司（甘肅五司以道府同知兼之）批驗茶引所（江蘇設大使一人）受而布之商商採茶於山及經過關津居積待售於各府州縣運行於邊界土司憑引為信無引為私其禁與鹽法同

茶引頒於各省者江蘇安徽江西浙江湖北湖南陝西甘肅四川雲南貴州歲行三十六萬四千九百四十有九茶課入奏銷者陝甘歲徵銀六千二百六十六兩有奇茶十三萬六千四百八十篦十斤爲篦四川歲徵銀五萬九千七十兩有奇商有逋負者經理之官論若江蘇安徽浙江之茶課由經過關津驗引徵收歸入關稅江西湖北湖南及貴州仁懷一縣歸入雜稅雲南歸入田賦其他直省不產茶及雖產茶不頒引者聽民販運賦歸關市不列茶課

川省茶引行於內地州縣者爲內引行於沿邊者爲邊引
行於土司者爲土引
陜甘茶商受引於本省市茶於湖南回經河南由陜州照
驗出關均不徵課惟行於陜甘有徵其所賦篦茶例制
於邊外互市以易番馬後停易馬之令所賦篦茶存庫
發售
雲南普洱府產茶三四月收買其新嫩者徐徐烹而啜之
始盡其妙若鯨吞虹吸遂不知其韻清氣醇也光緒丙
申冬爲英人捆買捆賣從此居奇且滋味亦不甘香良

由以僞亂眞耳

中國茶以俄羅斯所銷爲最荷蘭次之定例荷蘭販茶在澳門藏衛又次之藏衛販茶在打箭爐光緒甲午遣人至峩洪夾犍等處收買不論苦澁麤惡因該處食青稞其性熱滯非茶不能滌也道光十年俄羅斯在北徼喀爾喀地界買中國黑茶五十六萬四百四十棒洋銀五員爲一棒道光十二年在恰克圖買黑茶至六百四十六萬一千棒之多見澳門月報又俄羅斯祇准陸路帶茶謂歷風霜其味反佳若海運恐其蒸溼霉醭見俄羅斯總記同治間統計歐洲各國買茶歲入銀三千五百萬有奇今意大利法

蘭西英吉黎各地種茶且芃茂自光緒以來買茶僅入銀一千三百萬有奇見盛世危言案二十年後歐洲不賴中國之茶亦自足可見中國之利藪歐洲無不攘奪而通商大臣於中國自有之物產何以坐視其逐漸消耗竟不培植挽救乎夫培植者不過減稅釐以輕成本耳挽救者不過令充斥以廣銷路耳此其權操之在我亦不必期之於人者也乃爲戚爲休不問不聞如秦人視越人之肥瘠漠然無所動其心自是異域人員見其技止黔驢舞如病鶴妄圖鵷鷺之服有玷麒麟之楦安

得不遺其笑柄受其陵侮者哉以上二則亦予吟香書屋筆記摘錄

唐人最重火前茶白香山詩綠芽千片火前春齊己詩白甀封題寄火前火前者寒食禁火之謂也今蜀產茶有八十三州縣惟所重雨前矣士人取雨前茶以茉莉珠蘭而焙之有微味又龍安產騎火茶最上不在火前不在火後故也清明改火故曰騎火茶峩眉山亦產茶其韻致不清遠滋味不甘香惟取其產於崇山峻嶺間滇是風露清虛之氣故為可尚耳